应用型本科社会工作专业实习指南

李树文　刘媛媛　张　岩　著

东北大学出版社

·沈　阳·

图书在版编目（CIP）数据

应用型本科社会工作专业实习指南／李树文，刘媛
媛，张岩著. — 沈阳：东北大学出版社，2022.8
ISBN 978-7-5517-3047-1

Ⅰ. ①应… Ⅱ. ①李… ②刘… ③张… Ⅲ. ①社会工
作－实习－高等学校－教学参考资料 Ⅳ. ①C916-45

中国版本图书馆 CIP 数据核字（2022）第 134939 号

出 版 者：东北大学出版社
　　　　　地址：沈阳市和平区文化路三号巷 11 号
　　　　　邮编：110819
　　　　　电话：024－83683655（总编室） 83687331（营销部）
　　　　　传真：024－83687332（总编室） 83680180（营销部）
　　　　　网址：http://www.neupress.com
　　　　　E-mail：neuph@neupress.com
印 刷 者：沈阳市第二市政建设工程公司印刷厂
发 行 者：东北大学出版社
幅面尺寸：170 mm×240 mm
印 　 张：13.25
字 　 数：238 千字
出版时间：2022 年 8 月第 1 版
印刷时间：2022 年 8 月第 1 次印刷
责任编辑：杨 坤 张德喜
责任校对：刘新宇
封面设计：潘正一
责任出版：唐敏志

ISBN 978-7-5517-3047-1　　　　　　　　　定 价：58.00 元

前　言

　　社会工作专业在课程体系中须涵盖理论类课程和实践类课程，专业实践环节包括课程实验、独立设置的实验课程和专业实习。通过实践类教学环节可以培养学生具有人文素养、科学精神、社会责任感和创新创业意识，具备社会主义核心价值观，达到身心健康、德智体美劳全面发展的专业基本培养目标。也可以训练学生具备联系中国社会实际分析和解决社会问题的能力，能够在社会团体、福利机构和企业等组织从事专业性工作，培养具备较高的理论素养、较强的实践与创新能力的应用型复合型人才。

　　实践类课程设置和内容一直是国内社会工作专业教育中的短板，其相关教材和论文数量和质量远远满足不了教学需求。本书根据编者团队多年从事社会工作实践教学的经验，全面概述了社会工作实习的内涵，详尽介绍了社会工作实习改革和课程设计，撰写了社会工作专业各个实习的指导书和任务书，配以实践类课程考核方案和实习案例，具有极强的指导性和可操作性。

　　本书在编写过程中，突出了教材的理论性和实践性。

　　（1）理论性。着重分析社会工作实习的内涵和发展，梳理社会工作实习的困境，探讨社会工作实习改革和阐述社会工作实习课程设计。

　　（2）实践性。详尽介绍社会工作各个实习的任务书、指导书、课程考核方案和案例，可指导应用型高校学生顺利完成实习任务。

　　本书在编写过程中，编写团队共同商议教材的目录、大纲和内容，然后分章节完成初稿，经过多轮修改，进一步完善了教材内容。

　　本书共分为十章，由大连科技学院经济管理学院社会工作专业教师团队通力合作，共同参与编写。李树文编写第一章、第二章、第三章和第九章；张岩编写第二章、第七章和第九章；刘媛媛编写第五章和第十章；王丽云编写第四章和第六章；杨林编写第八章和第九章。同时，要感谢社会工作专业 16 级、17 级和 18 级的本科生，本书案例在他们社会工作实习资料基础上进行了不断完善，才使得内容更加饱满。本书出版也得到了辽宁省新文科研究与改革实践项目和辽宁省普通高等学校校校合作项目的大力支持。

由于编者水平有限，本书中可能会存在一定的不足之处，敬请广大读者批评指正。

作　者

2022 年 1 月

目　录

理论篇

实务篇

实践篇

理 论 篇

第一章　社会工作实习概述

第一节　社会工作专业实习的含义和特征

一、有关社会工作实习的简述

社会工作实习是社会工作教育体系中非常重要的一部分，它不仅可以让学生将书本上学习到的专业知识运用到解决实际的生活问题中，同时学生可以通过开展实务服务过程提高自身的专业素养，有效抑制社会工作专业人才的流失。正因为社会工作实习的重要性，各国对高校社会工作专业学生的实习时间有着严格的规定，一般本科生要求进行800学时专业实习训练，才能有资格申请到社会工作专业学士学位。反观我国社会工作教育发展现状，社会工作实习一直是我们的短板和比较薄弱的方面，根据新版《普通高等学校本科专业目录和专业介绍》中的要求，社会工作专业本科生要求不少于800学时的实习时间，社会工作专业实习必须有计划、有方案（或项目），有督导或导师指导，是在机构、社会组织、社区、政府机关等进行的社会工作实务实习。

二、社会工作专业实习的含义和特征

（一）社会工作实习的含义

全世界各国和地区的社会工作专业教育工作者对社会工作实习的概念界定各不相同。国内学者史柏年将社会工作实习的概念定义为学校有计划、有督导地组织学生到机构或社区中接受社会工作实务技能训练和价值观培养的过程。社会工作实习的概念有广义和狭义之分，而本书选取的是狭义社会工作实习的概念，原因大致有以下两个方面：一是社会工作实习相对来说偏重于教育性取向，属于社会工作专业教育的一部分；二是社会工作实习的特征要求，社会工作实习是一个有计划性和有督导陪同的学习过程。

(二) 社会工作实习的特征

1. 社会工作实习需要保证充足时间

社会工作实务的通用过程大致分为六个阶段，分别是接案、预估、计划、介入、评估和结案，而每一个实务阶段的开展都需要一定时间作为保证。以接案为例，笔者曾经在上海青少年社会工作站实习，当地的社工督导介绍，接案有时需要持续很长一段时间，一般是半个月左右或者更长时间。而现阶段高校社会工作专业实习时间一般每学期（不含毕业实习）为两到三周，机构为了考虑案主的真实需要和感受，很难放心将案主交给实习学生进行专业的服务，所以大多数情况下实习学生只能采取观摩的方式，而这种走马观花的实习不能达到社会工作专业实习的要求。

2. 社会工作实习是一种临床实习

社会工作临床实习与医学和心理学临床实习相似，也要求在实际工作中去体验社会工作者真实的工作状态，能够去揣摩作为一个社会工作者所要扮演的角色，能够学习作为一个社会工作者所要掌握的方法和技能。只有经过专业的历练，不断重复和熟悉工作方式，才能在毕业后拿到社会工作师证书，且短时间内在实务工作中上手。

3. 社会工作实习不能被社会泛化

众所周知，社会工作专业有别于其他专业的特点在于强调其具有应用性，注重实务操作和技能培养。而经过多年的校外实习经验，发现绝大多数的校外合作实习单位不了解社会工作，它把普通的志愿服务等同于社会工作专业服务，把义工与社会工作者混为一谈，这种将社会工作概念泛化的现象呈现愈演愈烈的趋势。比如社区社会工作实习中，社区安排实习生的工作就是简单的端茶倒水、清扫卫生和文件整理等。学生反馈的意见很大，实习效果很差，远远不能满足学生对专业实习的要求，更谈不上专业价值观的内化和专业素养的形成。

第二节　社会工作专业实习目前遇到的瓶颈

(一) 专业实习机构少，专业督导匮乏

目前国内社会工作专业实习问题，主要体现在传统的行政性社会福利机构

偏多，NGO（非政府组织）、社会企业和专业社会工作服务机构较少，社会对社会工作职业认同感较低等方面。高校校外实习模式是借助于机构与学院的伙伴关系，主要在民政、工青妇、残联、养老机构、福利院和社区中心等部门。而这些部门的服务主要是开展实际社会工作，其工作特点是行政性为主半福利性为辅，学生在这些机构实习，专业知识无用武之地，学生反馈实习效果不理想，而有些机构也不愿承担学生实习任务。专业实习机构较少带来的是专业督导的匮乏，而仅有的机构督导资源也没有社会工作教育背景，有些服务理念可能与社会工作专业服务理念有不一致的地方，而且督导辅导学生方式很随意，没有固定的时间和内容。

（二）学校自然情况和学生实习态度不端正

开设社会工作专业高校尤其是新设本科高校，社会认同度和美誉度相对较低，校外实习机构选择空间狭窄。许多高校处于各城市大学城，坐车去城市的中心区域需要很长时间，这给高校社会工作专业集中式实习带来了交通不便的问题。笔者曾经在学校做过调查，高三学生在高考填报社会工作专业为自己第一和第二志愿的学生几乎没有，全部都是通过调剂和服从分配来到这个专业的，所以学生对社会工作专业学习兴趣不高，进而影响到社会工作专业实习的态度。

（三）社会工作专业实习课程设置不合理

社会工作专业实习是一个目的性强、计划性高的教学过程，以国际惯例为标准，需要建立实习教学大纲，以规定实习教案、保证专业训练的水准，这是非常重要的。而目前高校社会工作专业实习课程安排有缺陷，除个案、小组和社区实习之外，其他社会工作实习项目较少，没有社会工作职业资格实习部分，呈现了实习科目单一、学生选择空间不足，学生毕业后很难适应其他不同服务领域的技能要求。此外，高校同步式实习项目比例较低，使得学生在某些专业核心课程上只注重理论学习忽视实务操作。同时因学校师资数量少，导致实习监督力度不够，部分实习项目很难保证效果。

第三节　社会工作专业实习改革发展途径

（一）积极探索高校开设社工机构的模式

2008 年四川地震灾后重建，加之社会工作实务干预工作，促使高校迈开开设社工机构的步伐，中山大学、广东工业大学和华南农业大学等高校专业教师进行了有益的探索和实践。这种高校开办社工机构的做法在社会工作实习领域取得的成绩尤为突出，各高校可以以社工机构为平台，为本校学生提供专业的实习场所，学生实习取得的服务成果，为社会未来推动社会工作发展做好必要的准备。2013年辽宁省也开始了高校开设社工机构的积极探索，由沈阳化工大学社会科学系发起，在沈阳市铁西区民政局注册开办全省首家专业社会工作服务机构——乐和社会工作服务中心，机构在铁西区七路街道第一城社区挂牌成立，为社区里的空巢老年人开设小组活动。其他也可以学习和借鉴开设社工机构的模式，通过政府向社会组织购买服务，将社会工作服务交由具有专业资质的社会组织来完成。目前高校有专业的教师资源和充足的专业学生作为保障，完全有能力开办社会组织来承担专业的社会服务。

（二）仿真专业实验室的建立弥补社区实习项目

社区实习项目的基本目的是学生通过接受社区事务受理业务的技能训练，能够熟练办理失业登记、民政救助和社区服务等业务工作流程，具备从事社区工作的基本能力。但是在实际的社区实习中，高校学生反映大部分社区不愿意接受实习生，只同意给学生实习手册上盖章。为此高校计划筹建社区仿真实训室，承担社区工作的实习任务，将社区实习由校外转到校内进行，以此解决社区实习遇到的困境。

（三）教师积极参加专业的督导培训

社会工作实习督导是保证实习质量的重要环节，其作用体现在帮助学生了解社会工作者的角色，在实际服务开展过程中提供必要的支持，将社会工作理念、价值观和伦理进行内化。一般来说社会工作实习督导由机构工作人员和高校教师两部分组成，而大连市很难找到专业的机构督导，大部分的任务落到高校教师身上，所以对教师的督导训练就显得尤为重要。高校教师可以参加由中国社会工作教育协会定期与高校合作举办的中国社会工作督导培训班活动，为高校专业教师提供实习督导方面的智力支持，确保学生参与社会服务的质量。高校也可以参考长沙民政职业技术学院的做法，通过社会工作机构委培的形式，让专业教师在社区中心或者专业社工机构进行培训，并列入教师的工作考核指标。

（四）运用项目推动社会工作专业实习的发展

运用项目是当前促进社会工作专业化发展的有效策略。社会工作专业实习可以以项目运行和管理的方式开展，具体做法是可以让学生根据自己的研究兴趣和实务偏好组成服务团队，通过前期的需求评估调查，找出服务项目目标，调动已掌握的理论知识，能够设计出项目活动，做好项目所需的预算，项目申请通过公开答辩方式，教师和督导给予意见改进，同时对项目运作进行检测和评估。这样学生既了解现实社会的服务需求，同时参与了实际的社会工作服务过程，将理论与实践完美地结合起来。高校也看到了项目推动社会工作专业实习的发展趋势，但是实施起来也面临一定的困难和挑战：项目的启动资金来源问题、项目周期难以保障和学生缺少相关知识和技能培训等。

（五）实习课程设置需日后不断改进和完善

为了保证社会工作实习的教育质量，必须进行科学的课程体系设置和规范的教学安排，保障实习课程的开设和实习教学的开展。高校在原有的实习课程设置基础之上，要不断进行调整和完善，要与时俱进，借鉴国外先进的经验。同时联系应用型的人才培养方案，发挥专业建设的优势和特色。首先，实习课程的开设与人才培养目标相结合。针对国家和省市民政部门出台的乡镇（街道）社工站建设的文件要求，找出目前社会工作实务发展薄弱环节，培养社会需求的紧缺型社工人才。其次，实习形式多样化发展。增加专业核心课程的并行式实习，让学生能够较为集中系统地消化理论知识并转化为实践操作。同时高年级专业实习以间隔式为主，其实习内容主要是围绕服务社会开展，这样是为了让学生能够更好地提前适应不同领域社会服务的要求。最后，强化专业实习的过程监督。明确实习单位督导、高校实习教师和实习学生的职责。

第二章　社会工作实习改革

◥◤◢ 第一节　转型背景下实践教学体系重构的必要性

经济社会发展带来的人才需求转变，让高等教育不得不反思人才培养改革的紧迫性。对于普通高校而言，加强培养应用技术型人才既是大势所趋，也是突出其办学特色的出路。2015 年，教育部、国家发展改革季、财政部联合下发《关于引导部分地方普通本科高校向应用型转变的指导意见》（以下简称《指导意见》），《指导意见》指出地方高校转型需要将办学思路转移到服务地方经济社会发展上来，通过校企合作、产教融合，培养应用型技能型专业人才。同年，辽宁省人民政府办公厅印发《关于推动本科高校向应用型转变的实施意见》（以下简称《实施意见》），《实施意见》进一步指出转型除了顶层设计之外，还要聚焦于应用型人才培养模式转变（包括教学模式、教学内容、课程体系、实践教学、考核方式和教师队伍等方面）。应用技术型人才培养，专业是主体，要充分发挥专业教育在人才培养中的主体作用，同时，要调动专业实践教学在转型发展中的创新性。本书以专业实践教学方面为切入口，从高校向应用型转型的重点任务出发，对社会工作专业实践教学体系构建进行再思考。

转型背景下，实践教学体系重构的必要性如下：

（一）专业教育的内在要求

社会工作作为一门应用型社会科学，实践教学环节在整个专业教育中占有非常重要的地位。与其他专业相比较，社会工作更看重学生实践操作能力。新国标中明确要求，社会工作培养方案和课程体系必须涵盖实践教学课程和环节，对实验课程和专业实习都做了相应要求，社会工作专业实习时间不少于800 小时。社会工作专业实习显示了该专业的特点，也反映了对社会工作专业学生的高要求。传统单一的依靠课堂教学讲授，学生很难将社会工作专业价值观与专业知识和技巧相融合，当进入真实工作环境就会出现迷茫感和失落感，无法真正将所学知识学以致用。而实践教学是课堂教学的进一步补充和深化，有助于学生在实践中对专业价值观、理论和技术的理解和反思。

（二）培养应用型人才的能力要求

高校转型背景下，需要对专业人才培养能力重新思考和定位，应用型人才培养的重点是学生的动手实践能力和创新创业能力。动手实践能力主要解决学生能够有效衔接书本知识与实践能力，帮助学生在校期间能够完成理论知识、专业价值观和实务技巧知行合一的结合。创新创业能力主要提升学生能够整合专业知识与解决实际问题能力，帮助学生在校期间完成专业知识、社会经验和个人能力融会贯通的优化。以上两种能力的培养都需要通过实践教学来实现，需要在转型背景下重新梳理以职业能力为本的实践教学体系建构，从而提升专业学生就业竞争力，满足社会经济转型发展需要，真正体现地方高校的作用。

（三）学生自我发展的现实要求

自我认识和发展是每个学生人生中的重要课题，它决定着学生的视野、能力和评价体系。社会工作是一个用生命影响生命的专业，若要助人，必须先清晰地对自己有个全面地了解。反思传统高等教育模式发现，培养专业人才过分关注我们能为学生做些什么，而忽略了学生的学习和思考的主观能动性。我国社会工作发展走的是教育先行的道路，面临社会认知度和认同感不强、工资待遇低和职业前景不明等现实问题，学生很难通过知识的传输达到对社会工作专业价值观的认同，进而形成学生报考第一志愿率和专业对口率低的恶性循环。社会工作专业实践对学生专业的社会化有着积极的影响，通过实践教学有助于学生了解和认识专业，有利于发现社会工作的作用和使命，积极调动学生学习专业的主动性，真正让学生知道学习本专业能够做些什么。

第二节 将服务学习模式与社会工作专业实践相融合

关于服务学习的定义目前还没有统一的说法，服务学习概念引入中国之后，通过梳理国外和国内学者的定义发现，服务学习的核心要素是服务与学习的结合，注重两者相互交融、相互支持。社会工作专业与服务学习理念有着天然的契合性，一方面社会工作专业属性强调应用型社会科学，注重专业实务与地方服务相结合。另一方面服务学习师生角色要求和实施框架与社会工作者角色扮演和实务流程相契合。国内高校和学者也很早就在社会工作专业推广服务学习，如彭华民（南开大学，2006）、向荣（云南大学，2006）和朱健刚（中山大学，2009）。

（一）服务学习重视学生自我的发展

服务学习作为教育理念和模式的舶来品，能够很好地满足国内社会工作专业实践的要求。服务学习注重学生的自我发展，这里的自我发展可以理解为专业能力和综合素质两个方面，一方面能够将理论应用于实践，提升学生专业学以致用的能力；在实践中不断总结和反思，培养学生创新思维和思辨力。另一方面通过服务社区人群解决社区问题，培养学生的公民意识和志愿服务社会的奉献精神。

（二）服务学习强调多维度互动机制

服务学习是一个多方位的互动过程，学生通过专业课程学习与社区服务的互动、与老师的互动、与社区伙伴的互动。主要表现在学生通过专业手段和流程与社区服务互动，服务社区反思不足，形成学习—服务—反思—再学习的闭环式学习模式。师生在实践教学中互动，学会团队合作学习，资源链接共享，也有助于提升教师实践能力，可以有效地反哺教学和科研。服务项目介入社区服务，与社区工作者、社区服务对象和社会环境互动，专业能力提升的同时认识到服务是推动社会进步的重要力量。

（三）服务学习发挥学生实习主动性，满足社会发展需要

服务学习是一个主动建构知识的过程，开展社区服务项目发挥学生实习主动性和参与性，社区只是提供实习空间和场域，学生可以根据需求评估找准社区问题和需求，通过制订服务计划、设计服务方案、执行和实施服务，服务学习总结和反思。整个实习课程设计思路改变传统被动接受式实习安排，充分调动学生实习积极性和创新性，同时解决社区生活实际遇到的问题，满足社区发展中的需求，真正做到转型坚持需求导向，服务社会。

第三节　重构服务学习式社会工作实践教学体系

（一）树立以服务学习为主"创新+实践"的教学观念

按照应用型转型重点任务要求，应用型人才培养注重大学生素质教育发展。考量人才水平指标不仅要满足经济社会发展要求，作为个体的学生也要得到全面的发展。需要继续深化实践教学改革，围绕实践和创新能力两个重点，一方面培养学生创新精神，运用所学知识解决实际困难的能力。另一方面，通过实践活动培育学生志愿服务和公民意识，提升服务人民群众的责任感。

社会工作的实践教学体系构建可以与服务学习理念紧密结合，全面改造和升级现有实践课程环节设置和功能，注重服务和学习结合的方式和内容，将服务学习实践教学环节落实。学生可以根据实习课程不同，设计成服务不同对象的不同专业方法介入项目，让学生主动参与实习项目，收获实习心得和反思。同时要注重学生素质的培养，通过个人实务介入反思个人发展的过程，树立公民意识和服务社会的信念。

（二）重组联动式实践教学框架

突出具有地域特色的应用型人才培养模式，要重新思考和设计实践课程体系和结构，整合和优化关联课程，突出培养以实践能力、创新能力和职业能力为主的实践课程体系改革。服务学习实践课程设计灵活，可以根据课程目标、学生特点和社区环境不同而设计不同的课程内容。结合社会工作人才培养方案特点，将服务学习核心要素中的课程框架引入不同实习课程进度安排、不同融合机制和不同场域和形式的实践教学体系中。

按照社会工作专业实践中认知基础实习、专业技能实习和专业综合实习三个递进阶段顺序，将原有的实践课程内容进行整合和优化，保障独立设置实践课程内容和环节之间的连贯性。如将小组实习、社区实习、社会调查的实践教学环节整合为社会工作专业技能实习，将综合实习和机构实习整合为专业综合实习。将原有的独立设置实践课程整合优化为有逻辑关系的课程结构，然后通过社会调查将专业技能实习与专业综合实习串联起来。社会工作实践课程体系搭建之后，需要将服务学习理念嵌入其中。服务学习需要通过在实习场域实践，将所学的专业知识应用于实际生活中。要提前与实习场域取得联系，经过同意之后明确服务对象，将服务学习理念融入实践课程，通过为服务对象制订服务计划，设计个性化服务方案，落实实施助人服务流程，通过服务获得学习效果，具体如图2-1所示。

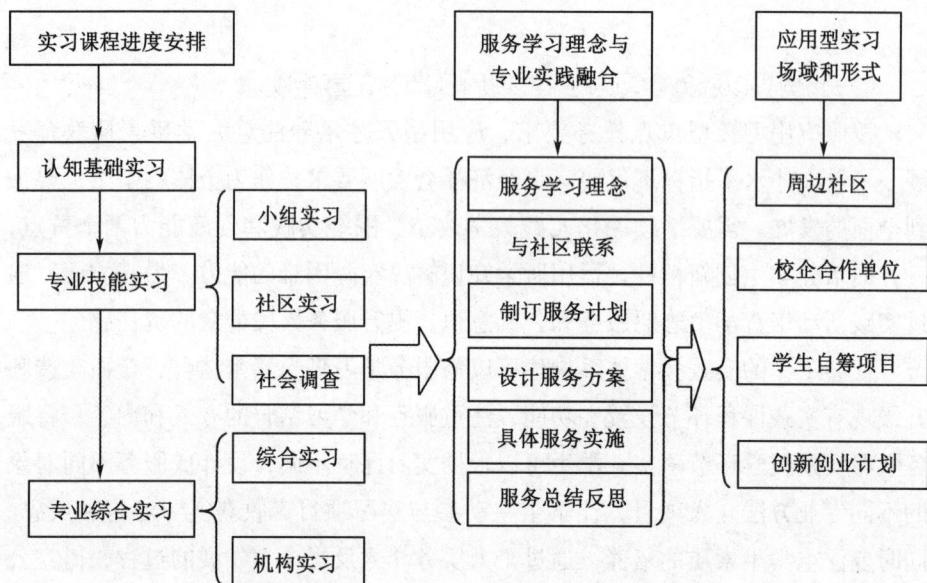

图2-1 服务学习与社会工作实践课程相结合路径

（三）统筹校内、校外互动系统，建立合作共赢运行机制

根据应用型转变评价指标体系要求，各学科结合自身特点和要求，积极探索和统筹校内、校外互动系统，加强校企、校政等多元互动机制，为应用型人才培养提供实践场域，达成人才培养和合作共赢目标。通过服务学习搭建社会工作专业校内师生互动系统和校外校社互动系统，共同助力专业实践课程平台和模块化课程。校内互动系统主要是通过学生学习系统和教师教学系统互动形成师生互动系统，促进学生完成自我学习、服务和反思等专业训练，形成自我完善的全面发展观；提升教师完成项目指导、服务督导和实践反哺教学等专业素养，形成双师经验的实务积累；加强师生合作完成需求调研、项目计划、服务执行和总结评估的学习服务实践过程，形成教学相长的良性循环。校外互动系统主要是通过高校专业系统和社区场域系统形成校社服务系统，推动应用型高校服务社区的进程，强化专业学生学以致用能力；满足地方社区社会发展的需要，解决社区居民实际社会问题；开发校社合作深化路径、模式探索、产教融合、共同发展的学习服务合作机制，形成多元化的人才培养模式。

通过聘用校外实习基地工作人员为实践指导教师，建立学校与行业和组织等部门双向合作机制。一方面，参与制定高校人才培养方案，调整实践教学课程大纲，接收学生在校外实习指导等工作。另一方面，改变传统以学校主导的专业实践教学环节，根据实习合作单位用人需要，灵活安排实践教学环境，保障服务学习满足社会发展需要。例如周边社区到了夏季，候鸟式老人会回到社区度假修养，社区需要为老人们准备相应服务，根据社区需要会将社会工作综合实习安排到 6—7 月份；春节前各地社会组织用人紧张，会需要大量的实习生满足项目运作和结项，根据与实习合作单位协商将社会工作机构实习安排到 11 月到第二年 1 月之间，得到实习合作单位的一致好评。

（四）改变传统专业实践教学课程教学方法和评价

应用型人才培养需要创新和引入多元化的教学方法，积极探索适宜应用型人才培养的实践教学组织形式。与传统实践课程课堂模拟学习不同，服务学习强调在社区服务中学习，服务促进学习。转变案例分析和情境模拟教学方法，强调社区服务学习、问题导向学习和合作学习的新的教学方法，将服务理念转化为具体行动。同时加强应用型专业实践教学的新的评价体系，服务学习专业实践教学管理以"控"和"实"为两个抓手，通过"三控"质量控制、反馈渠道和质量评价严抓专业实践教学过程，通过"三实"服务过程、评价标准和测评点落实实践教学评价，落实多元化专业实践教学评价体系。具体来讲，见图 2-2："三控"完成闭环式实践教学环节评价制度，教务处职责是下发政策文件和保障经费充足，二级学院负责把控各专业实践教学质量，各专业按照评价标准实施实践过程和结果管理，学生信息员、督导、教学管理人员根据实习质量进行持续改进机制，进一步完善实践教学效果。"三实"贯穿实践教学过程评估和效果评价机制，注重学生在实践过程中表现，包括在服务中学习、服务中反思，提升专业技能，获得自我发展。按照应用型人才培养融合评价标准，对学生专业学习、服务过程、总结反思、师生互动和校社合作等方面进行全面考察，同时服务学习改变传统教师是实习成绩的考核唯一标准，根据实习评价测评点，除专业教师之外，可以加入各组之间互评、组员之间互评、服务社区中服务对象评价、服务社区项目影响力等构成实习成果多元化的评价方式。注重对学生实习过程的监控，考察对学生能力的评价，进一步提升学生的综合素质。

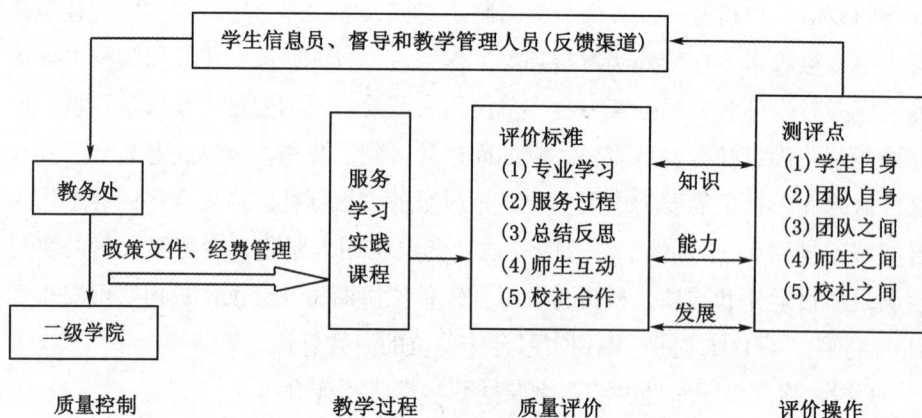

图 2-2　服务学习专业实践教学改革可控评价制度

（五）提升"双师型"教师素质，拓展专业学生"双创"途径

加强建设一支以教师和校外指导教师为班底，兼具教学能力和实践能力的"双师型"教师队伍，是满足培养应用型人才的目标和要求。专业专任教师积极投身服务学习实践教学改革，除了日常与学生共同参与服务学习实习之外，一方面"走出去"参加各种服务学习专业技能培训，专业教师积极考取国家社会工作师等相关职业资格证书，参与民政部门和专业社工服务机构的项目合作，在实务过程中不断进行反思，进而提高服务学习指导和督导水平。另一方面"引进来"聘请公益机构负责人、社工机构一线工作人员、社区工作人员和相关行业专业人士来校开展学术讲座活动，参与实践教学课程体系培养方案的制定工作。学生通过服务学习项目参加校内外各类专业比赛和"双创"项目，提升学生创新创业能力、撰写学术论文能力，扩展学生的专业视野。同时教师积极"走出去"与社会各界部门开展校企合作，为学生学以致用搭建展示舞台，构建教师和学生互长的创新机制。

第三章 社会工作实习课程设计

▨ 第一节 社会工作基础实习课程设计

社会工作基础实习课程设计

一、基本信息

课程名称	社会工作基础实习	学　分	1
先修课程	社会工作概论		
适用专业	社会工作		
教材及参考书	教材	无	
	参考书	(1)《社会工作导论》，王思斌，北京大学出版社，2011. (2)《社会工作概论》，李迎生，中国人民大学出版社，2004.	
	网络资源	http://www.swchina.org/	

二、实践课程目标

课程目标	课程目标描述
目标1	帮助学生对社会工作专业服务的对象以及社会工作服务机构有初步的感性认识
目标2	了解社会工作专业的发展状况，树立良好的专业价值观
目标3	分析和反思中国社会福利和社会服务的现状，并找出与专业要求的差距

三、实践内容与要求

1. 社会工作基础实习动员

实践内容：讲解实习的要求与安排以及注意事项，布置在实习过程中的任务。讲解实习报告的格式要求。

实践目的与要求：要求学生对实习的过程以及任务有一个总体的把握。

2. 社会工作相关机构参观

实践内容：带领学生参观养老机构、救助站、公益组织以及其他与社会工作相关的组织。

实践目的与要求：要求学生能够把参观过程中的所见、所闻、所想的感性认识上升到理性认识。

3. 听取社会工作相关讲座

实践内容：邀请社会工作相关领域的人士，围绕一定主题面向学生做报告。

实践目的与要求：要求学生在听取报告过程中，能够对所汇报议题有一定的认识和把握，并和汇报人有一定的互动。

4. 组织实习 PPT 汇报，上交实习日志和实习报告

实践内容：对实习结果进行验收，安排学生进行小组汇报，并点评，验收学生的实习日志和报告。

实践目的与要求：要求学生按照格式要求撰写实习报告，并小组协作，完成小组 PPT 汇报的内容制作和报告工作。

四、实践学时分配

序号	实践内容	学时	支撑课程目标
1	社会工作基础实习动员	4	目标 1
2	社会工作相关机构参观	8	目标 1、2
3	听取社会工作相关讲座	4	目标 3
4	组织实习 PPT 汇报、上交实习日志和实习报告	4	目标 3
	合计	20	

五、实践考核方式及成绩评定

（一）考核方式

本实践课程的考核方式包括实习过程和撰写实习报告两方面，最终成绩按照优、良、中、及格、不及格五级评定。

（二）成绩评定

序号	考核内容	考核项目	备注
1	实习态度	出勤 10 分	20 分
		实习态度 10 分	
2	实习日志	实习日志质量 20 分	20 分
3	实习报告	实习报告完整性 10 分	40 分
		实习报告质量 30 分	
4	小组汇报	PPT 实习 20 分	20 分
	合计		100 分

第二节　社会调查与研究方法训练课程设计

"社会调查与研究方法训练"课程设计

一、基本信息

课程名称	社会调查与研究方法训练		学　分	2
先修课程	社会调查与研究方法、社会统计学			
适用专业	社会工作			
教材及参考书	教材	《社会研究方法》（第 5 版），风笑天，中国人民大学出版社，2018.		
	参考书	《现代社会调查方法》（第 5 版），风笑天，华中科技大学出版社，2019.		
	网络资源	htps：//mooc1-1. chaoxing. com/mycourse/teachercourse？		

二、实践课程目标

课程目标	课程目标描述
知识目标1	掌握社会调查与研究的方法及过程，包括选题、研究设计、问卷设计、抽样方案的设计、定量资料分析及撰写调研报告
能力目标2	结合社会现实问题开展调查工作，达到认识社会、解释社会和改造社会的目的
能力目标3	培养对社会问题与社会现象的敏感度和洞察力，增强社会责任感

三、实践内容与要求

1. 实习动员

实践内容：确定分组，布置实习任务。

实践目的与要求：明确调查小组和指导教师，要求学生知道本次实习的内容、任务、时间安排、实习要求和考核标准。

2. 确定调查选题

实践内容：确定选题，进行文献回顾。

实践目的与要求：要求学生根据课题来源，按照选题标准，在广泛查阅文献的基础上，确定选题。要求在中国知网等学术资源上查找相关主题的文献，有针对性地选择和阅读文献，为选题及后续调研过程做准备。

3. 设计抽样方案

实践内容：抽样的程序；抽样方法；抽样方案设计。

实践目的与要求：要求学生按照抽样程序，选择合适的抽样方法，依据抽样设计原则，进行抽样方案的设计，保证样本量和样本代表性。

4. 问卷设计及回收

实践内容：概念的操作化；问卷的结构；设计思路；设计步骤；问卷问题的形式；问题和答案的设计原则；资料收集方法。

实践目的与要求：要求学生能够设计出问卷，运用恰当的资料收集方法回收问卷。

5. SPSS 数据建立与分析

实践内容：SPSS 数据文件的建立；SPSS 统计软件的操作与应用；数据结

果的分析与解释；数据图表的制作。

实践目的与要求：要求学生掌握 SPSS 统计软件的应用，能对输出结果进行解释和说明。

6. 撰写调研报告

实践内容：调研报告的结构；调研报告各部分的写法；撰写调研报告的注意事项。

实践目的与要求：要求学生能够撰写出调研报告。

四、实践学时分配

序号	实践内容	学时	支撑课程目标
1	实习动员	2	
2	确定调查选题	6	目标2、3
3	设计抽样方案	4	目标1
4	问卷设计及回收	8	目标1
5	SPSS 数据建立与分析	8	目标1
6	撰写调研报告	12	目标2、3
	合计	40	

五、实践考核方式及成绩评定

"社会调查与研究方法训练"课程的考核包含三个项目：实习纪律与态度占总评成绩的 20%；实习过程表现占总评成绩的 50%；调研报告占总评成绩的 30%。

实习纪律与态度按个人形式计分，实习过程表现及调研报告按小组形式计分。

◢◤ 第三节 个案工作训练课程设计

"个案工作训练"课程设计

一、基本信息

课程名称	个案工作训练	学　分	2
先修课程	社会工作概论、个案工作		
适用专业	社会工作		
教材及参考书	教材	无	
	参考书	(1)《社会工作实务基础》，童敏，社会学科文献出版社，2011. (2)《技巧及面谈——技巧训练手册》，游达裕，中国社会出版社，2013.	
	网络资源	无	

二、实践课程目标

课程目标	课程目标描述
能力目标1	通过体验完整的个案助人过程，学习作为社工的岗位要求，反思个案工作的原则和技术
能力目标2	了解个案工作的魅力及与其他工作方法的不同之处，能够独立撰写个案相关的文字材料，为以后走向工作岗位打下良好的基础

三、实践内容与要求

1. 个案工作实习动员及技巧训练

实践内容：讲解实习的要求与安排以及注意事项，布置在实习过程中的任务，讲解实习报告的格式要求。观摩个案工作演示，并模拟训练技巧。

实践目的与要求：要求学生对实习的过程以及任务有一个总体的把握，并着重练习个案工作技巧。

2. 社会工作过程模拟演示

实践内容：带领学生分组模拟演示社会工作服务过程，包括接案、预估、计划、干预、评估与结案。

实践目的与要求：要求模拟个案工作过程各个阶段的服务过程，并在服务过程中展现个案工作者的基本态度、素养以及个案工作技巧。

3. 撰写文案

实践内容：对模拟演示的服务过程进行文案的撰写。

实践目的与要求：在每一阶段的模拟社会工作者任务结束后，完成相应阶段的文案资料表格填写；文案资料撰写的过程中，能够对社会工作服务过程进行归纳和总结，并从专业层面上进行反思。文字表述简洁、富有条理，正确使用专业术语。

4. 组织实习 PPT 汇报，上交实习日志和实习报告

实践内容：对实习结果进行验收，安排学生进行小组汇报，并点评，验收学生的实习日志和报告。

实践目的与要求：要求学生按照格式要求撰写实习报告，并小组协作，完成小组 PPT 汇报的内容制作和报告工作。

四、实践学时分配

序号	实践内容	学时	支撑课程目标
1	个案工作实习动员及技巧训练	6	目标1
2	社会工作服务过程模拟演示	20	目标1
3	撰写文案	10	目标2
4	组织实习 PPT 汇报，上交实习日志和实习报告	4	目标1、2
	合计	40	

五、实践考核方式及成绩评定

（一）考核方式

本实践课程的考核方式分个人得分和小组表现两方面，个人得分主要包括实习态度和实习过程表现，小组表现主要包括团队合作、材料撰写和实习结束表现。最终成绩按照优、良、中、及格、不及格五级评定。

（二）成绩评定

序号	考核内容	考核项目	备注
1	个人成绩	出勤 10 分	20 分
		实习态度 10 分	
2	个人实习过程表现	正确使用个案工作模式 10 分	20 分
		开展个案工作实务过程 10 分	
3	团队合作	团队合作 10 分	10 分
4	小组材料撰写质量	小组材料内容 20 分	30 分
		小组材料完整性 10 分	
5	小组实习过程表现	小组实习态度、实务完成情况 20 分	20 分
合计			100 分

第四节　小组工作训练课程设计

"小组工作训练"课程设计

一、基本信息

课程名称	小组工作训练	学　分	4
先修课程	个案工作、小组工作		
适用专业	社会工作		
教材及参考书	教材	《小组工作》（第 2 版），刘梦，高等教育出版社，2013.	
	参考书	(1)《小组社会工作——理论与技术》，赵芳，华东理工大学出版社，2015. (2)《小组工作实验教程》，曾永泉，华中师范大学出版社，2014. (3)《小组工作》，万江红，中国人民大学出版社，2016. (4)《小组工作的理论与实务》，陈心洁，中国政法大学出版社，2015. (5)《小组工作在行动——我与小组的第一次亲密接触》，艾晶，中国社会科学出版社，2016.	
	网络资源	https：//mooc1-1. chaoxing. com/mycourse/teachercourse？ moocId = 221500840 &clazzid = 48217924&edit = true&v = 0&cpi = 117899649&pageHeader = 0	

二、实践课程目标

课程目标	课程目标描述
目标 1	认同社会工作的基本价值理念和工作原则，践行社会主义核心价值观
目标 2	理解小组工作方法，提高学生对小组工作方法的理解和应用
目标 3	学会撰写小组计划书、简报等文案材料
目标 4	掌握小组工作领导技巧
目标 5	掌握小组工作评估方法与技巧

三、实践内容与要求

1. 查找资料，确定小组主题

实践内容：广泛阅读文献，结合自己的兴趣与实习经历，确定小组主题。

实践目的与要求：各小组基于文献的阅读与自己的兴趣，与指导教师协商，确定小组主题。

2. 各小组进行需求评估

实践内容：根据小组主题，各小组进行需求评估。

实践目的与要求：各小组根据小组主题，运用问卷与访谈法进行需求评估。

3. 各小组撰写小组计划书

实践内容：基于需求评估的结果，撰写小组计划书。

实践目的与要求：各小组按照小组计划书模板，撰写小组计划书，在规定时间内提交给各组指导教师，并且根据指导教师的意见进行修改。

4. 小组活动宣传与招募组员

实践内容：在校园范围内，各小组制作宣传海报，招募组员。

实践目的与要求：各小组通过线上+线下的方式，招募 8~10 名组员。

5. 开展小组活动

实践内容：各小组开展 6 次小组活动。

实践目的与要求：各小组按照小组计划书开展 6 次小组活动，每次小组活动时长为 45~60 分钟，小组活动结束后撰写小组简报。

6. 小组活动总结与评估

实践内容：对整个小组活动进行总结与评估。

实践目的与要求：各小组对小组活动进行结果评估及小组满意度评估，撰写小组评估报告。

四、实践学时分配

序号	实践内容	学时	支撑课程目标
1	查找资料，确定小组主题	8	目标1、2
2	各小组进行需求评估	6	目标2、3
3	各小组撰写小组计划书	8	目标3
4	小组活动宣传与招募组员	4	目标1、4
5	开展小组活动	58	目标1、4
6	小组活动总结与评估	4	目标5
	合计	88	

五、实践考核方式及成绩评定

（一）考核方式

本实践课程的考核方式采用个人考核和小组考核相结合。考核内容包括实习纪律与态度考核、小组工作实施考核、小组工作实习材料考核三方面。小组工作实习最终成绩按照优、良、中、及格、不及格五级评定。

（二）成绩评定

序号	考核内容	考核项目	备注
1	实习纪律与态度	实习态度（5%）	10分
		实习纪律（5%）	
2	小组工作实习实施过程	小组活动具体开展情况（10%）	40分
		小组领导者之间配合情况、小组成员参与情况（10%）	
		小组领导者小组技巧的使用情况（10%）	
		小组目标实现情况（10%）	

表（续）

序号	考核内容	考核项目	备注
3	小组工作实习材料	计划书（10%）	50分
		小组简报（30%）	
		小组评估报告（10%）	
合计			100分

第五节　社区工作训练课程设计

"社区工作训练"课程设计

一、基本信息

课程名称	社区工作训练	学　　分	2
先修课程	个案工作、小组工作、社区工作		
适用专业	社会工作		
教材及参考书	教材	《社区工作》，夏建中，中国人民大学出版社，2015.	
	参考书	（1）《社区工作案例教程》，隋玉杰，中国人民大学出版社，2014.	
		（2）《社区工作实务》，哈曼，北京师范大学出版社，2017.	
		（3）《社区工作实务教程》，孙宏伟，东北大学出版社，2017.	
	网络资源	https：//www. icourse163. org/course/NJUST-1449636170？from=searchPage	

二、实践课程目标

课程目标	课程目标描述
目标1	认同社会工作的基本价值理念和工作原则，践行社会主义核心价值观
目标2	了解社区的构成、功能和运作方式
目标3	掌握社区分析方法
目标4	掌握社区需求评估与访谈方法与技巧
目标5	掌握社区项目方案的设计方法

三、实践内容与要求

1. 熟悉社区

实践内容：通过实地考察和社区行走，初步了解所在实习社区的地域特征，绘制社区图。

实践目的与要求：掌握社区行走的方法，掌握绘制社区图的技巧。

2. 了解社区的基本背景资料

实践内容：通过现有的文献资料及实地调查，了解社区的人口状况、权力结构、社区资源等背景资料。

实践目的与要求：掌握社区人口、社区权力、社区资源的分析方法。

3. 梳理社区发展历史

实践内容：通过现有的文献资料等，整理并撰写社区发展历史。

实践目的与要求：掌握整理和撰写社区发展历史的方法。

4. 社区需求评估

实践内容：设计社区访谈提纲，在社区范围内针对不同群体进行深入访谈，撰写访谈记录。分析访谈结果，探究社区存在的主要问题和居民的主要需求，撰写社区需求评估报告。

实践目的与要求：掌握社区访谈提纲的设计技巧，掌握对不同群体的访谈技巧，掌握社区问题和居民需求的分析技巧，掌握社区需求评估报告的撰写方法。

5. 完成社区实习报告

实践内容：如实报告实习的主要内容、日程安排及实际实施情况，认真总结并详细报告实习的心得体会和思想方面、专业方面的反思和收获。

实践目的与要求：掌握社区实习报告的撰写方法。

6. 社区项目设计

实践内容：结合需求评估中社区存在的某一主要问题，进行社区项目设计，撰写社区项目设计方案。

实践目的与要求：掌握社区项目方案的设计方法。

四、实践学时分配

序号	实践内容	学时	支撑课程目标
1	熟悉社区	6	目标1、2
2	了解社区的基本背景资料	8	目标2
3	梳理社区发展历史	4	目标2、3
4	社区需求评估	10	目标1、4
5	完成社区实习报告	6	目标1、4
6	社区项目设计	6	目标1、5
	合计	40	

五、实践考核方式及成绩评定

（一）考核方式

本实践课程的考核方式包括过程性考核和终结性考核两方面，最终成绩按照优、良、中、及格、不及格五级评定。

（二）成绩评定

1. 过程性考核（10%）

项目及分值	考核形式	考核标准
平时成绩 （10分）	出勤（5分）	旷课扣2分/次，迟到、事假扣1分/次，病假不扣分
	工作态度 （5分）	实习态度是否端正、认真，社会工作综合过程中是否积极思考，虚心好学，勤学好问

2. 终结性考核（90%）

项目及分值	考核形式	考核标准
对服务对象的理解 （10分）	实践考核	是否理解服务对象的特征，鉴别服务对象的一般问题和需要
与服务对象建立关系 （10分）	实践考核	尝试接触各类人群，理解亚文化的差异，促进服务对象自我表达
社区信息搜集 （10分）	实践考核	社区图、社区人口、社区资源、社区走访报告、社区访谈记录等

表(续)

项目及分值	考核形式	考核标准
工作管理 (10分)	实践考核	管理社区实习时间和工作量,完成实习任务,在学习需求与服务提供之间达到平衡
过程评估(10分)	实践考核	社区实践手记资料完成情况
计划和协议 (10分)	实践考核	为服务对象阐明详细、具体的目标,根据需求评估建立行动计划
材料质量(10分)	大作业	相关材料撰写质量
结果评估(10分)	大作业	实习报告撰写质量
实习反思(10分)	大作业	关于社会工作价值、技巧和社会工作角色扮演方面的反思

第六节 社会工作毕业实习课程设计

"社会工作毕业实习"课程设计

一、基本信息

课程名称		社会工作毕业实习	学 分	8
先修课程		个案工作、小组工作、社区工作、社会工作实务		
适用专业		社会工作		
教材及参考书	教材	无		
	参考书	(1)《社会工作实习与督导——理论与实务》,赵芳、尤哈·哈马莱宁,社会科学文献出版社,2021. (2)《社会工作实习教育与指导手册》,罗观翠,社会科学文献出版社,2013.		
	网络资源	无		

二、实践课程目标

课程目标	课程目标描述
知识目标 1	了解社会工作机构基本情况；分析社会工作机构的政府管理、中观管理、自我管理
知识目标 2	了解社会工作机构的运作条件、运作路径和社会工作项目的承接与运作
能力目标 3	能够承担社会工作机构工作岗位、工作内容和工作职责
能力目标 4	分析和运用社会工作机构的资源链接

三、实践内容与要求

1. 了解社会工作机构相关概况

实践内容：了解社会工作相关机构的性质和类型，认识和了解社会工作相关机构的功能，了解党的方针、政策对慈善公益事业的指导意义。了解社会工作相关机构经营思想和战略方针，分析其合理性与存在的问题。了解社会工作相关机构的制度形式、组织机构设置。

实践目的及要求：能够运用 SWOT 法分析机构经营环境（宏观、微观），分析市场、社会环境对机构运作与管理的影响以及带来的机遇与挑战。

2. 在机构各部门实习

实践内容：了解社会工作相关机构的经营项目和内容，分析机构经营环境（宏观、微观），分析市场环境对机构经营活动的影响以及带来的机遇与挑战。了解社会工作机构的政府管理、中观管理和自我管理。

实践目的及要求：在实训指导老师的指导下，深入机构，仔细观察、分析机构运作与管理的细节过程。

3. 社会工作机构的项目调研

实践内容：了解社会工作相关机构的运作条件；了解和分析社会工作相关机构的运作路径；了解和分析社会工作相关机构项目的承接与运作；了解和分析机构的各个部门管理策略、效果如何及有何改进意见。

实践目的及要求：在实训指导老师的指导下，为机构的各个部门管理进行调研，在调研过程开始前，应根据机构的要求，调研活动结束后对所收集的资料进行整理、分析，得出调查结论。

4. 在机构开展社会工作服务

实践内容：了解实习单位的组织管理结构及各部门的职责范围；了解实习单位规章制度、工作人员的岗位职责等；了解本专业知识在实习单位的应用情况；掌握相应岗位的操作技能，按照机构要求初步形成职业能力和养成职业素养。

实践目的及要求：在实训指导老师的指导下，根据实习单位对本专业人才的要求和需求情况，开展相应的社会工作服务。

5. 了解机构经营资源链接情况

实践内容：了解机构运营管理业务过程和手续，包括各职能部门的划分、管理方式、运营过程责任和风险承担范围及划分等；了解机构市场经营管理统计指标和业绩考核指标体系。机构各个职能部门的职能是否得到了充分的发挥，机构的市场经营组织架构是否合理，是否适应市场竞争和机构发展的需要；了解和分析机构在经营管理活动中所存在的问题，并提出自己的见解以及解决问题的措施或方案。

实践目的及要求：在实训指导老师的指导下，对机构营销管理进行调查和分析，了解机构目前存在的问题，并能够提出建设性的改进建议。

四、实践学时分配

序号	实践内容	学时	支撑课程目标
1	了解社会工作机构相关概况	10	目标1
2	在机构各部门实习	40	目标2、3
3	社会工作机构的项目调研	40	目标2、3
4	在机构开展社会工作服务	40	目标2、3
5	了解机构经营资源链接情况	30	目标4
	合计	160	

五、实践考核方式及成绩评定

（一）考核方式

本实践课程的考核方式为个人得分，个人得分主要包括实习态度和实习过程表现、材料撰写和实习评估与反思。最终成绩按照优、良、中、及格、不及格五级评定。

（二）成绩评定

序号	考核内容	考核项目	备注
1	个人成绩	出勤 10 分	20 分
		实习态度 10 分	
2	实习过程表现	对服务对象的理解 20 分	40 分
		与服务对象建立关系 20 分	
3	与机构团队合作	团队合作 10 分	10 分
4	材料撰写质量	材料内容 10 分	20 分
		材料完整性 10 分	
5	实习评估与反思	实务完成情况 10 分	10 分
合计			100 分

第七节　社会工作毕业论文课程设计

"毕业论文"课程设计

一、基本信息

课程名称		毕业论文	学　分	14
先修课程		社会工作概论、社会调查与研究方法、个案工作、小组工作、社区工作、社会工作实务、社会工作专业论文写作等		
适用专业		社会工作		
教材及参考书	教材	无		
	参考书	（1）《本科毕业论文写作技巧》（第 2 版），格里瑟姆著，马跃，南智译，东北财经大学出版社，2018. （2）《毕业论文写作指导》，李兴仁、王荣党，科学出版社，2018. （3）《大连科技学院本科毕业设计（论文）制度汇编》（自编）		
	网络资源	无		

二、实践课程目标

课程目标	课程目标描述
目标 1	对学习过的社会工作专业知识融会贯通
目标 2	熟练掌握社会工作专业方法与技能
目标 3	能够理论联系实际，综合运用社会工作知识与方法解决实际问题
目标 4	培养科学研究能力和撰写专业学术论文的能力

三、实践内容与要求

1. 选题

实践内容：进行论文选题，下达任务书。

实践目的与要求：根据毕业论文指导教师名单及备选论文题目，组织学生选定题目和指导教师。学生也可与指导教师协商确定论文题目。题目确定后，指导教师向学生下达任务书，明确内容、任务和目标、研究进度及基本要求等，学生应在指导教师指导下进行文献检索、调研、外文翻译等论文的前期准备工作。

2. 开题

实践内容：进行论文开题。

实践目的与要求：学生根据选题，查阅相关资料，在指导教师指导下完成开题报告。开题报告应说明：选题的意义及研究现状、论文研究的内容、研究方法、研究特色、预期目标和实施计划。开题通过后，学生方可开始进行论文撰写。

3. 论文撰写

实践内容：进行论文的撰写工作。

实践目的与要求：学生需要广泛阅读相关文献，收集相关数据及资料，撰写细化的论文提纲，指导教师指导修改论文提纲，论文提纲确定之后，学生着手撰写毕业论文，指导教师定期检查其工作进度和质量，及时解答和处理学生提出的相关问题。

4. 评阅

实践内容：对论文进行评阅。

实践目的与要求：学生论文定稿通过查重后，指导教师及评阅教师进行论文评阅，根据学生毕业论文等资料的完成质量进行评判给分，成绩合格方可参加答辩环节。

5. 答辩

实践内容：进行论文答辩。

实践目的与要求：各专业教师组成论文答辩小组，组织学生进行毕业论文答辩。答辩小组针对论文提问，并根据学生的回答情况给予答辩成绩，同时针对论文存在的问题，提出修改意见。最终根据指导教师所评成绩、评阅教师所评成绩和答辩成绩计算出论文综合成绩，评定论文等级。

6. 资料归档

实践内容：毕业论文相关资料归档。

实践目的与要求：完成毕业论文及有关材料的整理归档，进行毕业论文工作总结。

四、实践学时分配

序号	实践内容	学时	支撑课程目标
1	选题	0	目标3、4
2	开题	44	目标3、4
3	论文撰写	198	目标1、2、3、4
4	评阅	22	目标1、2、3、4
5	答辩	22	目标1、2、3
6	资料归档	22	目标4
	合计	308	

五、实践考核方式及成绩评定

（一）考核方式

毕业论文成绩由三部分组成，指导教师评定占40%、评阅教师评定占20%、答辩小组评定占40%，具体各项评定等级及标准参照本专业毕业论文成绩评定标准。总成绩采用五级记分制，即成绩90~100分为优秀，成绩80~89分为良好，成绩70~79分为中等，成绩60~69分为及格，成绩60分以下为不及格。

（二）成绩评定

序号	考核内容	考核项目	备注
1	指导教师评定	学习态度（10%）	40分
		资料收集（10%）	
		论文选题（20%）	
		论文结构与规范（40%）	
		论文水平与价值（20%）	
2	评阅教师评定	论文选题（20%）	20分
		论文结构与规范（40%）	
		论文水平与价值（40%）	
3	答辩小组评定	答辩自述（20%）	40分
		论文内容（40%）	
		问题答辩（40%）	
合　计			100分

实 务 篇

第四章 社会工作基础实习

第一节 社会工作基础实习任务书

一、实验（实训）基本信息

课程名称	社会工作 基础实习	课程编号	0040503634
学　分	1	开课单位	经济管理学院
先修课程		社会工作概论	
适用专业		社会工作	

二、实验（实训）的总体要求

"社会工作基础实习"是继"社会工作概论"理论学习后为学生安排的认知实习环节。在实习过程中，主要安排学生参观社会工作相关机构，包括社区、养老机构、社会组织等，听取社会工作相关主题的讲座。通过一系列的参观和讲座，帮助学生对社会工作专业的服务对象以及社会工作服务机构有初步的感性认识，了解社会工作专业的发展状况，树立良好的专业价值观；分析和反思中国社会福利和社会服务的现状，并找出与专业要求的差距。

三、课程实验（实训）任务

实训项目1：参观机构

学生在参观的过程中，能够多看、多听、多问、多想，尽量收集与社会工作相关的资料，了解参观机构的组织架构、日常工作、服务对象以及社会工作专业的应用和发展情况。

实训项目2：听取讲座

认真听取报告，在听取报告过程中对汇报议题有一定的认识和把握，并和汇报人有一定的互动。

实训项目3：撰写实习日志

记录实习过程中获取的信息，并能够把参观过程中的所见、所闻、所想的感性认识上升到理性认识。

实训项目4：PPT汇报，上交实习日志和实习报告

按照格式要求撰写实习报告，并小组协作，完成小组的PPT汇报的内容制作和报告工作。

四、实验（实训）的考核方式

总计100分，最后成绩按优、良、中、及格、不及格五个等级评定。90分及以上为优秀，80~89分为良好，70~79分为中等，60~69分为及格，59分及以下为不及格。

平时成绩构成要素	所占比例	设置目标和效果
实习纪律、态度	20%	实习纪律的遵守和实习态度的体现
实习日志	20%	翔实、全面记录实习过程，并有专业性的反思
实习报告	40%	报告内容全面、逻辑清晰，具有较深的专业反思
小组成绩　PPT汇报	20%	小组合作，完成所负责专题的汇报任务，汇报精心设计、内容全面、逻辑清晰、汇报生动

第二节　社会工作基础实习指导书

一、课程信息

课程名称	社会工作基础实习	课程编号	0040503634
学　分	1	开课单位	经济管理学院
先修课程	社会工作概论		
适用专业	社会工作		

二、实验内容

实验 1　实习动员

1. 学时

4 学时。

2. 实验目的与要求

要求学生对社会工作基础实习的过程以及任务有总体的把握，上交的文案资料符合规范化要求。

3. 实验内容及步骤

首先，根据教学大纲的要求，明确实习目的和要求；其次，详细说明实习的过程和安排；最后，对实习相关的文案资料进行详细说明，并重点说明规范化的要求。

实验 2　社会工作认知实习过程

1. 学时

10 学时。

2. 实验目的与要求

要求学生在参观以及听取讲座的过程中，能够态度端正，积极参与到实习中去，并能够形成自己的所见、所闻、所感、所想。由此形成学生对社会工作专业的服务对象以及社会工作服务机构有初步的感性认识，了解社会工作专业的发展状况，树立良好的专业价值观；分析和反思中国社会福利和社会服务的现状，并找出与专业要求的差距。

3. 实验内容及步骤

首先，安排学生参观各类的社会工作机构或者与社会工作相关的社会组织；其次，在参观实习的进程中，适当安排一定的讲座汇报。

实验 3　撰写文案

1. 学时

2 学时。

2. 实验目的与要求

要求学生对每天的实习内容进行记录，并在实习结束的时候，分小组准备 PPT 汇报，最后每个人上交一份实习报告。通过文案资料的撰写，帮助学生及时记录实习过程中的所见、所感、所想、所思，并结合理论知识形成系统的认识，有一定的专业反思。

3. 实验内容及步骤

首先，每天上交实习日志；其次，进行 PPT 汇报；最后，上交实习报告。

实验 4 实习成果验收

1. 学时

4 学时。

2. 实验目的与要求

通过对实习成果的验收，能够帮助学生更深刻地把握实习过程，并对实习过程进行深度反思、总结。要求学生在实习验收阶段态度认真、积极思考。

3. 实验内容及步骤

安排各小组进行社会工作基础实习的汇报工作，并对学生上交的实习日志和实习报告等成果进行检查，指出其不足之处。

三、考核方式

总计 100 分，最后成绩按优、良、中、及格、不及格五个等级评定。90 分及以上为优秀，80～89 分为良好，70～79 分为中等，60～69 分为及格，59 分及以下为不及格。

平时成绩构成要素		所占比例	设置目标和效果
实习纪律、态度		20%	实习纪律的遵守和实习态度的体现
实习日志		20%	翔实、全面记录实习过程，并有专业性的反思
实习报告		40%	报告内容全面、逻辑清晰、具有较深的专业反思
小组成绩	PPT 汇报	20%	小组合作，完成所负责专题的汇报任务，汇报精心设计、内容全面、逻辑清晰、汇报生动

四、建议学时分配

序号	实践教学内容	建议学时	备注
1	实习动员	4	
2	社会工作认知实习过程	10	

表（续）

序号	实践教学内容	建议学时	备注
3	撰写文案	2	
4	实习成果验收	4	

第三节　社会工作基础实习课程考核

课程考核方案

学院名称：经济管理学院

课程名称：社会工作基础实习

课程性质：□理论（含理实一体化课程）

　　　　　☑实践（含实验、集中实训及其他实践教学课程）

授课对象：社会工作专业

学　　时：20（其中，理论学时：0　实践学时：20　）

学　　分：1

一、考核内容

社会工作基础实习主要通过一系列的参观和讲座等形式，帮助学生对社会工作专业的服务对象以及社会工作服务机构有初步的感性认识，了解社会工作专业的发展状况，树立良好的专业价值观；分析和反思中国社会福利和社会服务的现状，并找出与专业要求的差距。

二、成绩构成项目及评分标准

1. 课程成绩构成结构及比例

实习态度（占20%）+实习过程（占40%）+实习报告（占40%）

2. 各构成评价的基本要素

实习态度包括实习纪律10分、实习态度10分。

实习过程包括PPT汇报20分、实习日志撰写及上交20分。

实习报告包括实习报告格式规范10分、实习报告内容30分。

实习成绩划分为优、良、中、及格、不及格五个级别（90～100分为优，

80~89 分为良，70~79 分为中，60~69 分为及格，59 分及以下为不及格）。

3. 各基本要素的评价标准

各组指导老师参照评价标准，给每名同学打分，每名同学在实习中的表现都会影响得分，同时小组的整体表现也会影响每个小组的整体得分以及个人得分。

具体评分标准如下表所示。

考核项目		主要观察点	评分标准	分值
实习态度20分	实习出勤10分	出勤情况：旷课扣 4 分/次，早退、迟到扣 2 分/次，请假扣 1 分/次	全勤未请假，无迟到、早退	10
			有 1 次早退或迟到或请假	8
			1 次旷课或 2 次早退或迟到或请假	6
			旷课 2 次及以上；2 次以上早退或迟到	5~1
	实习态度10分	实习态度是否端正、认真，实习过程中是否积极思考、作风严谨、勤学好问、遵守相关规定	态度端正，积极思考，遵守规定	10
			态度较端正，能够思考，较遵守规定	8
			态度基本端正，能够思考，基本遵守规定	6
			态度不端正，不进行思考，不遵守规定	5~1
实习过程40分	PPT汇报20分	PPT 汇报是否条理清晰、内容详实，报告设计美观、汇报生动	报告条理非常清晰，内容充分翔实，汇报生动，设计美观有特色	20~18
			报告条理较清晰，内容充分，汇报较好，设计美观	17~16
			报告条理一般，内容较为充分，汇报效果一般，设计简单	15~14
			PPT 报告条理不够清晰，内容单薄，汇报生涩，设计不够美观	13~12
			PPT 汇报过于敷衍	11~1
	实习日志20分	实习日志是否具有规范性、创新性、完整性、专业性等	实习日志记录翔实，符合规范，反思较多	20~18
			实习日志记录较为全面，符合规范，有一定的反思	17~16
			实习日志记录一般，较为符合规范，有少量的反思	15~14
			实习日志记录浅显，规范性较差，反思寥寥无几	13~12
			实习日志记录过于简单，没有规范要求，无反思	11~1

表（续）

考核项目		主要观察点	评分标准	分值
实习报告40分	报告格式10分	材料撰写是否符合格式要求，是否语言通顺、运用专业术语	格式无误，语言非常通顺，正确使用专业术语	10
			格式比较准确，语言表述较好，较好地运用专业术语	8
			格式存在少许问题，语言表述一般，存在口语化的情况	6
			格式问题较多，语言表述混乱，口语化严重	5~1
	报告内容30分	实习报告是否总结了实习内容，内容是否全面详实；结构清晰；实习报告中是否有反思	结构非常清晰、内容翔实，具有较为深度的专业反思	30~27
			结构很清晰，内容充实，具有一定的反思	26~24
			结构较为清晰，内容较为全面，具有一定的反思	23~21
			具有一定的结构性，内容一般，反思较少	20~18
			结构不清晰、内容单薄，基本没有反思	17~1

三、考核过程

（一）考核方式（如口试、笔试、实操等）

口试、实操。

（二）考核组织形式（如一对一测试、分组测试、班级整体测验等）

分组 PPT 汇报、一对一报告。

四、考核时间及地点

时间：教学周第 18 周

地点：E609、实习机构、多媒体教室

五、其他有关说明或要求

第四节　社会工作基础实习案例

社会工作基础实习实践记录（例）

实践日期	2020/6/23	实践地点	腾讯会议

<table>
<tr><td rowspan="1">主要
工作
内容</td><td>

今天为我们讲解的是赵××老师。赵××老师从案例分析、社工未来和能力要求三个方面向我们展示了做好一名社会工作者需要哪些能力，如何去帮助案主和社会工作包含哪些内容。老师首先运用了一个援助热线的例子，假设我们自己是新冠肺炎疫情期间××青少年社会工作中心的青少年社工援助热线的接线员，当接到求助人电话时应该如何行动。首先需要自我介绍，询问问题，对方讲完后，接线员要表达关注，问题表达清晰，了解问题后稳定求助者情绪之后提供解决方案。第一步，呈现问题（了解他的生理情绪认知行为情况与社会支持情况），要边听边归纳梳理。第二步，给予支持，稳定情绪。如果根据自身经验可以得出来访者是问题不大的情况，则可以用一般性正常化的方式缓解他的情绪。如果来访者的情绪依旧不稳定，则可以通过稳定情绪技术和放松技术。再通过在来访者的叙述中运用需求评估技术来记录下对其各种评估。第三步，展开讨论。将问题呈现出来，分析问题之后聚焦问题，确定造成问题的根本原因，针对这一原因提出解决方案。第四步，形成策略。针对来访者的状态提出策略，可以运用很多专业知识，例如登门槛效应、正强化和放松疗法等来帮助他。这四步是结合了许多专业知识的，所以如果要做好社会工作者，一定要打下坚实的社会工作理论基础，并运用到实践之中。

之后老师告诉我们社会工作是包含许多内容的，我们可以做很多事情，为社会做出很多贡献。所以社会工作者的就业方向和选择也有很多。但要在某个方向做好做出贡献，需要把社会工作专业知识结构把握好，专业知识对实践有很多帮助，在知识的指导下才能做好社会工作，从而帮助到更多的人。
</td></tr>
</table>

表(续)

实践日期	2020/6/23	实践地点	腾讯会议
主要工作内容	最后我们观看了纪录片《阿尔茨海默症》，我们看到了病人、病人家属、医护人员和专业机构面对这个疾病所做出的努力和因为这个疾病遭受到的苦痛。遗忘对所有人都是痛苦的，他们有些人用自己的方式要去留下仅存的回忆，有些人因为疾病早已忘记，有些人十几年甚至几十年都在坚持，有些人已经放弃或者挣扎，但大家都在努力地生活下去。		
工作体会	赵××老师通过生动的案例让我们参与其中，我们给了许多答案但都远远不够，没有完全按照社会工作专业的要求进行工作，这让我们真切地意识到了社会工作并非简单地帮助人，它是有很多专业知识和技巧在里面的，救助要一步一步地展开工作，光凭自己的热情和理解是不够的。在赵××老师举的例子里整个心理援助过程是呈现问题、给予支持、展开讨论、形成策略，最后祝愿求助者，整个流程走完才算是真正结束了援助。在这个援助过程中包含了许多我们现在和未来所要学的知识，所以每一个在大学里学习到知识都要好好把握，未来说不定就需要用上。专业知识需要积累，需要深入学习，这对社会工作的实践有着很好的帮助。此外，赵××老师告诉我们很多社会工作者可以去就业的地方，让我们对以后的就业方向有了一定的概念和未来要在学习上做哪些努力。 之后我们看了纪录片《阿尔茨海默症》，让我明白不是所有的事情都是有好的解决方法的，阿尔茨海默症代表的不仅仅是遗忘，它影响着很多人，家庭成员因为这个疾病会产生很多问题，不是单纯地依靠他人可以解决的，其中的伦理关系、利益关系等都是需要考量的复杂的因素。这个纪录片让我对社会工作的意义和现实生活有了新的思考，社会工作在面对这一类型的问题时，能够做的事情不多，但是可以给予他们支持与安慰，调节他们的心态。我们在以后的生活里要多去思考体验观察，才能够得出切实的结论，对我们进行社会工作实践时也有帮助。		

社会工作基础实习报告

一、实习目的

社会工作基础实习主要通过一系列的参观和讲座等形式，帮助学生对社会工作专业服务的对象以及社会工作服务机构有初步的感性认识，了解社会工作专业的发展状况，树立良好的专业价值观；分析和反思中国社会福利和社会服务的现状，并找出与专业要求的差距。

二、实习时间

××××年×月××日—××××年×月××日

三、实习安排

（1）×月××日××社会工作机构负责人××老师讲解社会工作发展的南北差异与社会工作中的个人感受与建议。

（2）×月××日××××学院赵××老师从案例分析、社工未来和能力要求三个方面向我们展示了做好一个社会工作者需要哪些能力、如何去帮助案主以及社会工作包含哪些内容，之后观看纪录片《阿尔茨海默症》。

（3）×月××日××××大学王××老师为我们具体讲解理性情绪治疗理论即ABC理论，大四学姐与我们分享考研经验与学习经验及技巧。

（4）×月××日××××实验学校的社工张××老师与我们分享她访问台湾时的见闻及针对社会工作学习的建议。之后观看纪录片《儿科医生》。

（5）×月××日××××学院的王××老师与我们分享社会工作的要求和社会工作及其专业知识的价值意义。观看有关东莞地区社会工作发展的纪录片。

四、实习内容

（一）听六个讲座

1. ××公益魏××老师"We have a dream"讲座

2020年6月22日早晨，我们在腾讯会议进行了"We have a dream"讲座。讲座由来自××公益的负责人××老师为我们分享她自己做社工的过程经历与××公益的发展史。××老师从事社会工作从南方到北方，她是对南北方社会工作发展的差别有着切身体会的，南方的社会工作发展快于北方社会工作，比北方的社会工作更成熟，虽然北方的社会工作仍处于初步发展的阶段，但是北方的社会工作人才需求高于南方，如果我们未来有规划成为一名社会工作者，我们可以在北方寻找工作，这不仅对自己就业有好处，对北方社会工作的发展也有好处。

此外××公益的发展也见证着北方社会工作的进步发展，刚成立时规模小，但给辽宁地区的社会工作专业输入了新鲜有活力的血液，后来在政策的鼓励和公益负责人的努力下，××公益不断发展，取得了不少成就，后来与辽宁地区的其他社工机构携手合作，促进辽宁地区社会工作的发展。

魏××老师也与我们分享了她在进行社会工作时遇到的事情和对我们的建议。魏××老师告诉我们，世界上无时无刻不在发生着不好的事情，我们可能没有办法帮助所有的人，但我们不能由此感到压力大，应该借此化为我们的动力，提升自己的专业能力，推动社会工作的发展去帮助更多的人。

讲座让我对未来的职业规划有了初步的认识，更让我体会到了社会工作的意义。

2. ××××学院赵××老师的"危机干预和社工行业发展"讲座

2020 年 6 月 23 日，我们在腾讯会议倾听赵××老师的"危机干预和社工行业发展"讲座。

赵××老师从案例分析、社工未来和能力要求三个方面向我们展示了做好一名社会工作者需要哪些能力、如何去帮助案主以及社会工作包含哪些内容。

首先老师利用援助热线的例子告诉我们，作为接线员需要哪些能力，在接线过程中接线员的具体操作步骤和运用的策略。接线员需要呈现问题、稳定来访者情绪、展开讨论，最后形成策略。在其中可能需要运用到稳定情绪技术、放松技术、登门槛效应、正强化和放松疗法等。这让我们意识到，仅仅只是作为接线员就需要运用到如此之多的知识和技巧，那么我们在学习社会工作专业时更是需要牢牢把握知识，打下坚实的社会工作理论基础，并运用到实践之中。

老师告诉我们社会工作是包含许多内容的，我们可以做很多事情，为社会做很多贡献，所以社会工作者的就业方向和选择也有很多。但要在某个方向做好做出贡献，需要把社会工作专业知识结构把握好，专业知识对实践有很多帮助，在知识的指导下才能做好社会工作，从而帮助到更多的人。

3. "理性情绪治疗理论"讲座

2020 年 6 月 24 日，我们在腾讯会议中开展了"理性情绪治疗理论"的讲座。

×××老师为我们详细介绍了理性情绪治疗理论即 ABC 理论，其中 A 是指引发事件，B 指信念系统，是我们对事件的看法，C 指行为后果，是带来的情绪困扰。ABC 理论可以运用到危机干预。D 代表反驳，社会工作者需要用 D 将 B 改变，从而将 C 改变。要处理 B 就需要了解 B 的特征。特征为三点：（1）绝对化要求是指人们以自己的意愿为出发点，以为某事必定发生或不会发生的信念；（2）过分概括化是以偏概全的不合理思维方式的表现，它常常把"有时"过分概括化为"总是"；（3）糟糕至极是认为如果一件不好的事情发生，那将是非常可怕和糟糕的。

老师也与我们分享了她曾处理的几个案例，告诉我们社会工作者也需要培养同理心，不可理所当然过于理性，社会工作者应该站在案主的角度看待问题并由此帮助案主。

ABC 理论带给我们的是价值观方面的转化。我们每个人都是平凡的人，都会犯错，都会有非理性的信念，所以要通过方式转化自己的心态，这样才能轻松、自由。

4. 学姐经验分享讲座

2020 年 6 月 24 日下午，我们在腾讯会议进行大四学姐的经验分享讲座。

三位学姐给我们分享了许多考研经验与学习经验。庞××学姐跟我们分享了她在大学四年的学习经验。首先她建议我们确定目标，量化目标并提高效率。将专业知识联系起来，脚踏实地。其次要注重实践和小组合作，在每一次讨论交流互动中借鉴学习，也要在学习过程中找到自己的学习方法。

谷××学姐分享了专业课学习和英语学习的经验。在学习专业课时，要不懂就问，找到适合自己的学习方法，要合理分配时间。创造良好的学习氛围，制订学习计划，要有执行力。在英语学习方面，提前预习，多背多动手，平时也要多积累。

姚××学姐和我们分享了学习方法，要做好预习、定期复习，课上认真听讲并且多交流探讨。学习中也要运用好各种资源。

这三位学姐还为我们解答了许多困惑，让我们对以后的学习道路和目标有了新的思考，更有动力去学习。

5. ××××学院张××老师"台湾社会工作发展"讲座

2020 年 6 月 28 日，我们在腾讯会议进行了"台湾社会工作发展"的讲座。

张××老师分享了台湾与大陆的很多不同之处，例如地区特点、宗教和文化等。她也和我们说了许多在台湾的见闻，让我们对台湾有了新的认识。在台湾，家庭、老年、精神病患者、儿童、社区等社工服务回应的是台湾社会的老龄化、少子化、个体化和私有制复合而生的社会问题。台湾的社工职业岗位明确，分公职和非公职社会工作者，且台湾社会工作者的收入比大陆社会工作者的收入要高且稳定。台湾社会工作的发展要先进于大陆社会工作，台湾社会状况为社会工作的发展提供了便利。最后张××老师提出了我们学习社会工作，最终应该要不断地去除偏见，认识、理解人性及我们生活的时代，看到时代环境给我们的限制，也看到时代环境中的机遇。

在讲座中，我们看到了不同于大陆的社会工作发展状况，丰富了我们的见闻。

6.××××××学校社工王××老师的讲座

2020年6月29日，我们在腾讯会议开展讲座。

为我们讲解的是来自××××××学校的王××老师。她为我们分析了目前社会对社会工作专业的认知情况、社会工作的实际发展状况和社会对社会工作者的要求。

目前社会对社工的了解度很低，即使是在南方，社会工作发展虽然比北方快，但其实与其他行业相比，社会工作者的待遇依旧不好。但社会对社工的要求很多，社工需要有很多技能与充足的知识储备。在社会工作者进行实践时，面对案主的情况有时会无能为力。这种情况要求社会工作者要好好梳理案主情况，观察现象，思考到底能为案主做多少，同时不断学习，增加知识储备。

而且身为社会工作者需要有坚定的信念，如果足够喜爱这一专业，那么就要下定决心。社会工作是有社会价值的，能够升华自身的人生价值。即便以后不从事这一行业，我们专心学习对以后的发展道路也有很好的帮助。社会工作是一个特别有价值的专业，社会工作专业以后所学内容可以运用到很多方面。

（二）观看纪录片与微电影

1.社工帮助被家暴妇女微电影

视频讲述社工给被家暴者提供个案工作。遭到家暴的妇女找到社会工作者寻求帮助，社会工作者安抚案主并普及法律知识，通过模拟进行心理疏导，最后帮助她勇敢地向施暴的丈夫说出"不要再打我了"。

2. 社工帮助留守老人的微电影

视频主要讲述社工给留守老人进行小组工作，带他们开展游戏，科普医疗保险并提供服务。视频中的社会工作者将留守老人视为平等的主体，了解他们对外界的需求并给他们提供适当的帮助。

3. 社工帮助村落开办识字班的微电影

视频是针对汉字学习的社区工作，视频中社会工作者在少数民族村落工作，在村里生活的大多为老人、妇女和小孩，村民的普通话普及度不高，很多年纪稍微大一点的人只会讲该民族的语言，读书少、不识字对他们的生活影响很大。社会工作者在村委会和社区领导的帮助下，开办识字班，后发展为社区社会组织。

4. 社工帮助孤儿的微电影

视频是有关个案工作的视频。启金是一个孤儿，父亲过世母亲抛弃了他，于是他来到了福利院。启金在福利院受到了歧视和排挤，之后在唐社工的关切帮助下逐渐敞开了心扉，过去不好的经历给他带来的伤害逐渐愈合。启金的变化得益于社工的专业帮助，对其进行心理治疗。社会工作者在帮助案主时，首先要了解案主的情况，了解他的需求和症结，再逐步去解决。

5. 社工帮助贫困村脱贫的微电影

视频是有关社区工作的视频。社会工作者来到贫困乡村开展脱贫活动，社会工作者观察收集乡村实际情况的资料，根据资料提出通过饲养鸡来摆脱贫困。在实施计划的过程中，社会工作者扮演了多种角色，资源筹措者、服务提供者、倡导者与组织者等，为社区工作的开展发挥巨大的作用。尤其是在遇到问题与矛盾的时候，社工们组织村民进行探讨，之后更是让村民自己着手去做，成为成熟的组织。社工达成了助人自助的专业核心理念。

6. 社工为临终患者提供服务的微电影

视频是关于临终关怀和宁养服务的个案工作。在人即将死亡的时候，患者会渴望心灵慰藉，需要社工用同理心设身处地地去思考。社工魏才娟给癌症患者带去温暖，她让患者放松情绪，给予关爱，定时拜访患者并对患者进行心理疏导，为患者家属提供一些服务，满足患者的心愿。优死也是一个需要社会越来越重视的问题，宁养服务运用社会工作方法和手段，帮助案主重塑自我，找到生命的意义，不再那么抗拒死亡，对患者有很大的好处。社工在提供服务时也感受到了自我的价值，对生命也有了更深刻的认识。

7. 纪录片《阿尔茨海默症》

我们观看了纪录片《阿尔茨海默症》，我们看到了病人、病人家属、医护人员和专业机构面对这个疾病所做出的努力和因为这个疾病遭受到的苦痛。

8. 纪录片《儿科医生》

该片讲述了儿科医生现在所面临的困境和在困境中帮助他人，实现自己价值的故事。儿科医生面临要求高、晋升空间小、家庭矛盾多和压力大等困境，同时每天还要面对病床上的孩子与焦急的家属。他们牺牲自己，成全他人，用自己的专业知识尽全力挽救每一个弱小的生命。他们为社会大众默默付出，贡献自己的力量。

9. 东莞社会工作发展纪录片

该片讲述了东莞社会工作发展现状，社会工作者在进行工作时面临的问题和困扰，在工作中的领悟。

五、心得体会

为期八天的社会工作基础实习结束了。虽然只是短短的八天，但是我在这八天里学习到了很多东西。

在各位老师的讲座中，我了解到了很多在学校里没有接触过的信息，对各位老师的经历感到佩服。老师向我们分享了她们对社会工作的理解，提升了我们对社会工作的认识。在各个视频的观看中，我们了解了一些与社会工作者相关的疾病和职业人员，也通过社会工作微电影加深了对小组工作、个案工作和社区工作的理解，观看后老师的提问帮助我们加深思考，使我们对专业知识更加熟悉。

魏××老师开办××公益并让××公益在辽宁地区发展壮大的经历让我佩服，老师为北方社会工作的发展不断地做出努力，做出成绩，让我明白社会工作者不仅仅要对案主负责，也应该为全社会做出贡献，推动社会工作的发展能够帮助更多的人，实现更多的价值。赵××老师分享的危机干预让我明白社会工作者最根本的就是要学习专业知识并且在实践加以运用。社会工作的专业知识是非常有价值的，不仅仅可以用在本专业里，在其他方面也有着极大的作用。王××老师分享的理性情绪治疗让我明白进行危机干预时不应该只看表面，应该更深层地去看案主的内心，再去结合专业知识和技巧去帮助案主。社工也应该培养同理心，与案主感同身受，用适合其情绪状况的方式帮助案主。张××老师与我们分享的台湾社会工作教育和社会工作务实的发展，让我们明白大陆社会工作发展还有很长的一段路要走，我们要坚持促进社会工作的发展。王××老师在讲座中讲的对社会工作者的要求，激励着我们要在未来不断发展充实自己，才能更好地在社会上发挥出自己的价值。

我们的王××老师、张××老师、刘××老师、杨×老师和刘×老师给我们总结讲座的内容，在视频播放后提出问题让我们参与讨论，让我们对社会工作有了更深的把握，让我们了解了许多书本以外的本专业情况，还巩固了这学期所学的知识，例如在社会工作概论中学的小组工作、个案工作和社区工作等。

在过去的专业学习中，我没有对社会工作这一专业产生多少骄傲感，总觉得这个专业出来工作就是又累薪资还不高，未来从事这一行业的几率很低。但通过这学期的学习和实习，我对社会工作这一专业产生了敬畏感。这是一门以他人利益为主的无私的崇高的专业，它用科学的方法、善良的心灵在这个社会中缓慢行走，虽然每一步都很沉重，每一步都有人离开但亦有人怀着赤忱的心继续前进或者加入进来。不求回报，只希望为社会为他人做出贡献，这是多么高尚啊。社会工作者们用所学的知识和技巧去尽心帮助案主们，即使付出与现实上的回报不成正比，但是如果能够看到案主的生活得以改善真的是一件非常幸福满足的事情。

在实习中很多老师都提到了社会工作者要有信念，我觉得不仅仅是因为目前的社会工作发展缓慢且不足，社会工作者的待遇不好，还因为很多社会工作者受不了在工作中遇到的一些困惑的事情，这些事情可能会给社会工作者带来心灵上的伤害和巨大压力。见过痛苦还依旧保持信念，相信光明的未来，这就是社会工作者们现在的状态。每一位社会工作者都应当受到人们的尊敬。

在以后的学习过程中，我要对专业课的学习更加上心，认真学习专业知识，因为每一位老师都强调过专业知识的重要性。社会工作不是简单地做爱心活动，只凭着一腔热血和冲动，漫无目的随心所欲地去帮助他人是谈不上社会工作的。专业知识是社会工作开展的基石，基石越牢固，对能力的提高越有利。与此同时要积极参与实践，多参加一些社工活动，在实践中学习沟通技巧培养同理心，这对社会工作的学习是非常有利的。

我希望能像那些给我们做过讲座的大四学姐们一样，自己能够学习更多的专业知识，丰富我的人生，更希望能够成为社会上需要的社会工作者，帮助那些有需要的人，为社会工作的发展尽一份力。

第五章　社会调查与研究方法训练

第一节　社会调查与研究方法训练任务书

一、实验（实训）基本信息

课程名称	社会调查与研究方法训练	学　　分	2
先修课程	社会调查与研究方法、社会统计学		
适用专业	社会工作		

二、实验（实训）的总体要求

社会调查与研究方法是人们认识社会、了解社会、分析社会问题和社会现象、解释与预测社会发展变化的重要手段，通过本课程的训练，学生可以了解和掌握社会调查与研究的方法及过程，包括选题、研究设计、问卷设计、抽样方案设计、定量资料分析及撰写调研报告；结合社会现实问题开展调查工作，使理论密切地联系社会生活实际，能够使学生独立运用科学的理论与方法去观察、分析、认识和解释中国社会的具体情况和社会问题。

三、课程实验（实训）任务

实训项目 1：实习动员

明确调查小组和指导教师，要求学生知道本次实习的内容、任务、时间安排、实习要求和考核标准。

实训项目 2：确定调查选题

按照选题的基本原则，各小组在教师指导下选择一个恰当的调研选题；了解调查任务、确定研究课题、明确调查内容；运用研究问题明确化和初步探索的方法与技巧，对所选择的研究课题进行考察与初步论证。在中国知网等学术资源上查找相关主题的文献，有针对性地选择和阅读文献，为选题及后续调研过程做准备。

实训项目 3：设计抽样方案

各调查小组确定抽样总体、抽样方法、样本规模等项目，撰写抽样方案；对抽取的样本进行质量评估。

实训项目 4：问卷设计及回收

各调查小组对已经操作化的课题进行完善和修订；进一步明确概念和变量的含义和范围；列出问卷维度和指标；设计问题，并合理安排顺序；进行试调查，检测和修订问卷。各调查小组确定资料收集方案中所涉及的各项目，确定资料收集方法、人员分工、时间进度和物资使用计划；用恰当的方法收集调查资料。

实训项目 5：SPSS 数据建立与分析

各调查小组运用 SPSS 统计软件，根据本组调查问卷建立数据文件，并根据问卷资料录入数据。运用定量分析与定性分析相结合的方法对收集的资料进行分析。针对统计变量制作常用统计图表；进行单变量和双变量统计分析。

实验项目 6：撰写调研报告

撰写调研报告的提纲；按照规范的结构和要求撰写调研报告。

四、实验（实训）的考核方式

（一）考核方式

本实践课程的考核方式包括实习纪律与态度、实习过程表现和调研报告三个部分，最终成绩按照优、良、中、及格、不及格五级评定。

（二）成绩评定

序号	考核内容	考核项目	备注
1	实习纪律与态度	出勤 10 分	20 分
		实习态度 10 分	
2	实习过程表现	调研选题 10 分	50 分
		抽样方案设计 10 分	
		问卷设计 10 分	
		资料收集方法 10 分	
		SPSS 统计软件应用 10 分	

表(续)

序号	考核内容	考核项目	备注
3	调研报告	调研报告结构10分	30分
		调研报告内容10分	
		调研报告字数和格式10分	
合计			100分

第二节　社会调查与研究方法训练考核方案

社会调查与研究方法训练考核方案

课程名称： 社会调查与研究方法训练

课程性质： □理论（含理实一体化课程）

　　　　　　☑实践（含实验、集中实训及其他实践教学课程）

授课对象： 社会工作专业

学　　时： 44

学　　分： 2

一、课程介绍

"社会调查与研究方法训练"是社会工作专业的必修课程，社会调查与研究方法是人们认识社会、了解社会、分析社会问题和社会现象、解释与预测社会发展变化的重要手段。

二、实训过程说明

把全班学生分成若干小组，以小组为单位进行调查研究。

（1）选题。针对当前的社会热点问题或某些社会现象，确定调查研究的主题；主要由教师向学生提供一些被选题目，学生小组可以从中选择一些感兴趣的题目，报给指导教师。也可以由调查小组自行选题，指导教师给予指导意见。

（2）文献研究。对到目前为止的、与某一研究问题相关的各种文献进行系统查阅和分析，以了解该领域研究状况；由学生小组抽出时间完成文献的检索和前期资料的准备，资料保存在小组中。

（3）确定调查对象，选择抽样方法。根据研究目的，确定调查对象，并据此选择合适的抽样方法；由学生小组成员根据本组选题，决定调查对象，选择抽样方法，形成书面材料上报指导教师，由指导教师审阅，提出修改意见，最终定稿，可以实施。

（4）问卷设计。将选题操作化成问卷，完成问卷设计，形成的问卷以书面形式上报指导教师，由指导教师审阅，提出修改意见，试调查之后再修改，最终定稿，可以实施。

（5）收集资料。由学生选择合适的资料收集方法，发放回收问卷，形成SPSS 数据文件。

（6）定性、定量分析。对问卷收集上来的资料进行定性和定量分析，可以选择适当的分析工具和方法，得出相应的结论。学生如果在这个过程中遇到问题可以询问指导教师。

（7）撰写调研报告。根据调研报告撰写步骤结合本小组的调研结果，形成调研报告。此报告上交给指导教师，作为考核依据之一。

三、成绩构成项目及评分标准

（一）课程成绩构成结构及比例

序号	考核指标	分值
1	出勤情况	10 分
2	实习态度	10 分
3	调研选题	10 分
4	抽样方案设计	10 分
5	问卷设计	10 分
6	资料收集方法	10 分
7	SPSS 统计软件应用	10 分
8	调研报告结构	10 分
9	调研报告内容	10 分
10	调研报告字数与格式	10 分

（二）成绩组成详细说明

1. 出勤情况（10 分）

出勤随机考核 8 次，无故缺勤每次扣 2 分，病事假不扣分。

2. 实习态度（10分）

优秀（9~10）：态度端正，守纪律，表现好，独立工作能力强，科学作风严谨。

良好（7~8）：态度端正，守纪律，表现较好，有一定的独立工作能力，科学作风良好。

中等（5~6）：态度尚好，守纪律，有一定的独立工作能力。

及格（3~4）：态度一般，守纪律，独立工作能力一般。

不及格（1~2）：工作不努力、不认真，学习态度和纪律性不好，独立工作能力差。

3. 调研选题（10分）

优秀（9~10）：符合选题的四条标准：重要性、可行性、创新性和合适性。

良好（7~8）：选题在理论及现实层面有意义，具有可行性和合适性，但创新性没有体现。

中等（5~6）：选题具有一定的价值、可行性和合适性。

及格（3~4）：选题具有一定的价值，但可行性较差。

不及格（1~2）：不符合选题标准。

4. 抽样方案设计（10分）

优秀（9~10）：抽样方案完整，抽样方法恰当，具有可行性和可操作性。

良好（7~8）：抽样方案比较完整，抽样方法比较恰当，具有一定的可行性。

中等（5~6）：抽样方案不够完整，抽样方法存在一些错误，可行性不强。

及格（3~4）：抽样方法存在错误，样本代表性受到影响。

不及格（1~2）：没有抽样方案，抽样方法不可行。

5. 问卷设计（10分）

优秀（9~10）：问卷结构完整，内容符合主题，问题及答案设计合理，格式规范。

良好（7~8）：问卷结构完整，内容比较符合主题，问题及答案设计比较合理，格式比较规范。

中等（5~6）：问卷结构比较完整，内容基本符合主题，问题及答案设计存在不合理之处，格式基本符合规范。

及格（3~4）：问卷内容与主题基本匹配，问题及答案设计存在多处不当。

不及格（1~2）：问卷没有信度与效度。

6. 资料收集方法（10分）

优秀（9~10）：资料收集方法恰当，问卷回收数量达到要求，质量好，SPSS数据文件完整。

良好（7~8）：资料收集方法比较恰当，问卷回收数量基本达标，质量较好，SPSS数据文件比较完整。

中等（5~6）：资料收集方法存在不当之处，问卷回收数量和质量基本达标，SPSS数据文件建立。

及格（3~4）：问卷数量和质量勉强达标。

不及格（1~2）：问卷回收数量不达标，质量不符合要求。

7. SPSS统计软件应用（10分）

优秀（9~10）：分析方法恰当，数据结果完整准确，分析解释准确充分。

良好（7~8）：分析方法比较恰当，数据结果比较完整准确，分析解释比较准确。

中等（5~6）：分析方法存在不当之处，数据结果不够完整准确，分析解释不够准确和完整。

及格（3~4）：能够输出简单的数据结果，并进行简单地分析解释。

不及格（1~2）：不会使用SPSS统计软件，不能进行数据分析和解释。

8. 调研报告结构（10分）

优秀（9~10）：调研报告结构完整，条理清晰。

良好（7~8）：调研报告结构比较完整，条理比较清晰。

中等（5~6）：调研报告结构不够完整，条理不够清晰。

及格（3~4）：调研报告缺乏完整性，条理混乱。

不及格（1~2）：调研报告缺少关键部分。

9. 调研报告内容（10分）

优秀（9~10）：论点论据充分，文字及图表匹配，能运用专业知识和方法分析解决问题。

良好（7~8）：论点论据比较充分，文字及图表比较匹配，能运用一定的专业知识和方法分析解决问题。

中等（5~6）：论点论据不够充分，文字及图表不能完全匹配。

及格（3~4）：论文论据存在一些错误，文字及图表不够准确。

不及格（1~2）：论点论据不准确，图表及文字混乱。

10. 调研报告字数与格式（10分）

优秀（9~10）：字数符合要求，格式符合规范。

良好（7~8）：字数符合要求，格式比较符合规范。

中等（5~6）：字数比较符合要求，格式基本符合规范。

及格（3~4）：字数基本达标，格式基本达标。

不及格（1~2）：字数不够，格式不达标。

第三节　社会调查与研究方法训练案例

大学生参与网络公益活动状况调查

摘　要：随着目前我国网络信息技术的进步，互联网+公益进入了快速发展阶段，网络公益平台应运而生。利用互联网传播速度快、成本较低、互动性强等天然优势逐步形成了门槛较低且方便快捷高效的网络公益平台，网络公益平台的出现颠覆了人们对原有的传统公益的思维模式，并悄然地推动了我国社会公益事业的发展。大学生作为新技术、新思想的前沿群体，是最具潜力的网络公益参与群体。一方面，大学生正处于准备步入社会的阶段，对自己的未来生活都充满无限向往，很想为社会献出自己的一份力；另一方面，目前大学生群体的数量庞大，极具号召力和影响力，传播范围广，能够号召更多年轻人来参与网络公益活动，团结社会公益力量，在互联网+公益的模式转变中起到的推动作用是不容小觑的。本文采用问卷调查的方法，对大学生参与网络公益活动的状况进行研究，通过网络调查的方式发放问卷，并运用SPSS统计软件对调查的数据进行分析。从大学生基本情况、参与网络公益活动现状和参与困境的影响因素及原因三个维度进行分析和描述，总结影响大学生参与网络公益活动的一些主观与客观因素，进一步探索加强网络公益平台管理的途径，号召更多的年轻大学生参与网络公益活动，团结社会公益力量，共同监督网络公益活动和平台更加公开透明，以推动我国的社会公益事业发展，使社会更加和谐美好。

关键词： 互联网+公益，大学生，网络公益活动

一、引言

随着互联网的快速发展，社会对公益的需求与日俱增，互联网的普及成为目前公益新平台，这个新兴公益平台正逐渐被社会大众所接受，越来越多的人开始参与网络公益活动。我国网络公益起步较晚，20 世纪 80 年代，互联网进入中国，经过近 30 年的快速发展，目前的互联网+公益模式诞生了，从最初的只是单纯社会公益慈善网站，如中国社会组织网、中国公益慈善网等，组织了一些互联网线上线下公益活动。随后慢慢发展到一些商业网站和自媒体平台开始发展网络公益活动，比如腾讯公益平台、新浪微公益平台等。同时一些众筹平台也开始出现，如我们常在微信朋友圈中看到的轻松筹、水滴筹等开始迅速发展，中国互联网公益发展的里程碑是 2013 年众筹网的建立，从此中国互联网公益开启了新的时代。随后很多大型企业公司也陆续地发布了网络公益平台，我国网络公益道路不断拓展，越来越多元化，逐步走上正轨。然而，随着网络公益的快速发展，也存在着许多风险和问题，如郭美美事件、罗尔事件等。一系列炒作诈捐的事件新闻不断出现，一些人为了博人眼球不断消费着公众的信任。还有一些不正规组织或个人利用网络公益平台违法进行传销活动等，如轰动社会的 2017 年某公益平台通过朋友圈随手捐的活动进行非法传销的事件，据调查此次总涉案金额达 40 亿元，受骗者遍布全国。这类事件严重损害了公众的钱财和社会的和谐稳定，对网络公益平台产生了严重的负面影响。这也反映出我国目前在网络公益建设上的不完善，公益平台的过杂过多，缺少监管且公信力不足，加之民众的公益意识落后，缺乏辨别能力、盲目跟风等导致很多人无辜受骗，网络公益的法律规定也并不健全，公众受到欺骗时并不能及时合理维权，导致问题不断地出现并恶化。

本次调查选取大学生群体作为研究对象，通过了解在校大学生群体对网络公益的主观认知态度、参与行为，进一步分析大学生参与网络公益活动的困境和原因，为促进我国网络公益事业健康发展提供可行性建议，进一步探索加强网络公益管理的途径，帮助大学生进一步理解网络公益内涵，提高大学生网络公益参与度，从而肯定自身价值，这是具有重大的现实意义和研究价值的。大学生群体作为参与推动社会公益的中坚力量，是国家重点培养的人才，是建设国家的主力军，也是接收新事物的社会前沿群体，他们有很大的吸引力和影响

力，并有广泛的传播性，他们可以号召更多的年轻人参与网络公益活动，团结整个社会的公益力量，共同监督网络公益活动和平台更加公开透明，激发整个社会的公益热情，以推动我国的社会公益事业发展，使社会更加和谐美好。

二、研究方法

（一）概念界定

1. 网络公益活动

网络公益活动指个人或组织借助互联网社会化媒体直接或间接地帮助他人或实现公共利益的志愿行为。随着互联网的普及和技术的不断发展，各式各样的网络公益在飞速成长，凭借一些网络社交平台，公益传播的速度得到提高，传播成本也极大降低，快速推动我国公益事业的发展。

2. 网络公益平台

网络公益平台是指一种为进行各项公益活动提供工作环境或条件的集合，主要是一些组织通过网络手段发起和开展公益活动的公益性网站。结合传统的公益目标，利用时下网络的交互特性，通过互联网、微博、手机、移动终端等新兴共享媒介，将各种公益需求和公益服务资源整合在这种线上共享平台中，使得各项公益项目和社会力量能更加直接有效地转换和实施到真正有公益需求的人的身上。

（二）研究对象

本次调查以某高校全体本科学生为研究对象，总体规模为12000人，分布在8个学院、30个专业中，其中调查对象性别比例为男生占37.67%，女生占62.33%。调查对象年级分布比例情况为大一占18.67%，大二占13%，大三占26.33%，大四占42%。其中学科分布比例情况为工科类占22%，文科类占18.33%，艺术类占16.67%，法学类占19.33%，管理学类占23.67%。

（三）抽样方法

考虑到时间、人力、物力、经费及样本代表性的问题，采用多段抽样、分层抽样、简单随机抽样相结合的方式进行。以按比例分层的方式，计算各学院的样本数，再按照各专业人数占所在学院人数比例，计算各专业的样本数，最后采用简单随机抽样的方法抽取出调查对象，样本规模为300。

（四）调查工具

调查小组设计了大学生参与网络公益活动状况调查问卷，该问卷主要从基本信息、参与网络公益活动状况及看法和影响因素三个维度进行调查，其中基本信息部分主要是了解大学生的基本情况和了解大学生对于网络公益的认知情况，参与网络公益活动状况及看法部分主要是了解大学生对网络公益活动的参与行为和现状，影响因素方面主要是了解大学生在参与网络公益活动中出现的问题和困境主要是由哪些影响因素造成的。问卷初稿设计完成之后，调查小组选取了小规模的调查对象展开试调查，找出了问卷存在的问题，并针对这些问题进行了修改，最终定稿。问卷共有34道题目，其中22道单选题，12道多选题。

（五）资料收集方法

本次调查主要采用网络调查方法，首先在问卷星平台设计网络问卷，在朋友圈、学校社交群发放，还有学校校友同学帮忙转发问卷链接和二维码来增加样本数量，调查对象可在手机或电脑端点开链接或扫描二维码自行填答。网络调查方法比较方便且节省时间和人力，尤其在疫情的特殊时期更突显了其优势。最终收回调查问卷300份，有效回收率达100%。

（六）资料分析方法

在全部问卷回收完成后，通过问卷星下载填答问卷的数据，建立SPSS数据文件。运用SPSS统计软件，进行频数分布、交互分类和卡方检验，形成频率分布表和交互分类表，结合条形图、柱状图、饼状图，说明变量的分布特征及变量之间的关系。

三、大学生参与网络公益活动的现状

随着互联网技术的发展，网络公益也随之飞速发展，参与网络公益的群体比较年轻化，大学生逐渐成为网络公益活动的主流群体，大学生群体更善于利用互联网，愿意尝试新事物，也非常愿意为社会贡献出自己的一份力量。以下是通过问卷调查数据分析出的当代大学生参与网络公益活动的现状及存在的问题。

（一）参与度高但缺乏主动性，获取信息具有偶然性

如图1所示，关于"大学生是否参与过网络公益活动"的问题调查，其中70%以上的大学生表示曾经参与过网络公益活动，只有25.33%的调查对象没有参与过网络公益活动，充分说明当代大学生网络公益活动的参与度高。

随后针对参与过网络公益活动的大学生提出"是通过什么渠道获取到网络公益信息的"问题，如图2所示。调查结果表明通过在社交软件（如微信、

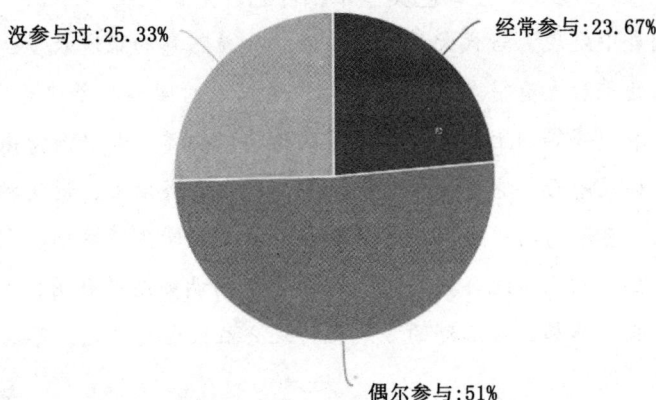

图1 大学生是否参加过网络公益活动情况饼状图

QQ、微博等）的渠道获取网络公益信息的占比最大达到七成以上，其次是通过新闻媒体，这两种方式成为当前大学生获取网络公益信息的主要途径，而通过主动搜索来获得网络公益信息的只有33.93%，说明当代大学生不会主动去获取网络公益的相关信息，缺乏主动公益意识。加之目前互联网快速发展，网络信息量巨大且碎片化，大部分的大学生都是通过社交平台和新闻媒体等途径获取到网络公益信息，很少进行主动搜索，这会使获取信息极具偶然性和随机性，如果公益项目期间没有浏览到相关信息，大学生的参与度便也随之受到影响，很大程度上就不会参加到这个公益活动。

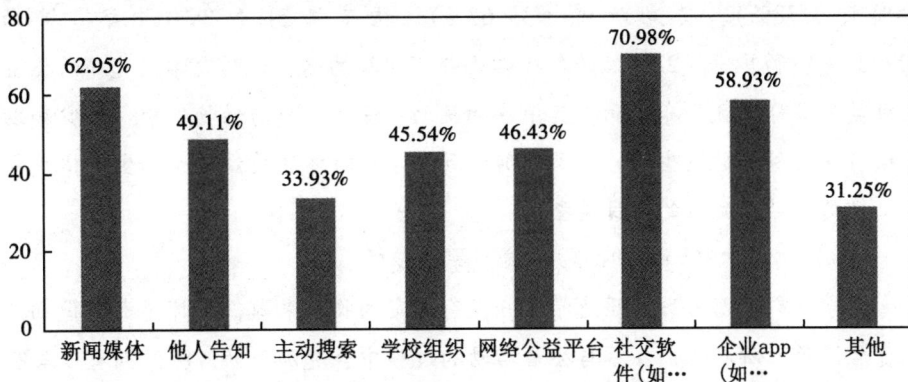

图2 大学生获得网络公益信息渠道柱状图

（二）参与形式多样，且项目类型丰富较贴近生活

在问卷调查中发现，当代大学生获取网络公益信息的渠道众多，可以参与网络公益活动的平台也有很多，在对"大学生知道的网络公益平台"调查中，占比最高的是水滴筹等网上筹款平台，其次为腾讯公益、新浪微博微公益和阿里公益等网络公益平台，它们的分布较均衡，均占六成以上，说明参与形式呈多样化的特点，可参与的平台有很多且都被大多数大学生所熟知。在关于"大学生认为网络公益相比传统公益的优势有哪些"的调查结果表明，七成以上的大学生认为互联网参加公益活动的方式比传统公益渠道更多元，参与方式灵活便捷。

如图 3 所示，针对参与过网络公益活动的大学生提出"参与过哪些网络公益项目"，其中有八成以上的大学生表示参与过线上平台爱心援助或者募捐类（如轻松筹、水滴筹、京东一键捐赠、菜鸟裹裹捐衣物）的公益活动，还有七成的大学生表示参与过生态环境保护和动物保护类（如蚂蚁森林）的公益活动，这两类方式目前在大学生群体中几乎普及，线上援助与支持（如法律顾问、病情预测、公益网课教学）和线上报名公益组织，提供志愿服务（如志愿者服务、义工）这两个项目类别也均占比 40% 以上，这同样说明了大学生参与网络公益的方式是非常多样的，内容丰富。

问卷中对"大学生愿意关注的网络公益项目类型"的调查结果显示，选择疾病救助（46.67%）、紧急救灾（39%）、保护环境与动物（38.33%）、助学项目（38%）、安老助残（33.67%）、扶贫济困（33%）、法律援助（27.33%）和其他（22%）的各项占比分布比较均衡，说明大学生选择的公益项目类型多样化且分布全面，其中疾病救助、保护环境与动物、紧急救灾和助学项目这几种较贴近生活的类型更加受到大学生群体的关注，大学生群体更愿意选择更加贴近生活的项目类型。

（三）大学生参与能力有限，参与程度浅

大学生群体因为目前还是学生并没有固定的收入来源，平时支出消费都是花费生活费，所以他们在参与公益活动的过程中会更加无助，即使拥有参与公益活动的热情，但是由于囊中羞涩或觉得自己帮助不到太多便放弃了。对大学生每月平均生活费进行调查结果表明，大多数调查对象的每月平均生活费在 1501~2000 元，只有 15% 的大学生每月平均生活费在 3000 元之上，基本满足大学生的日常生活。

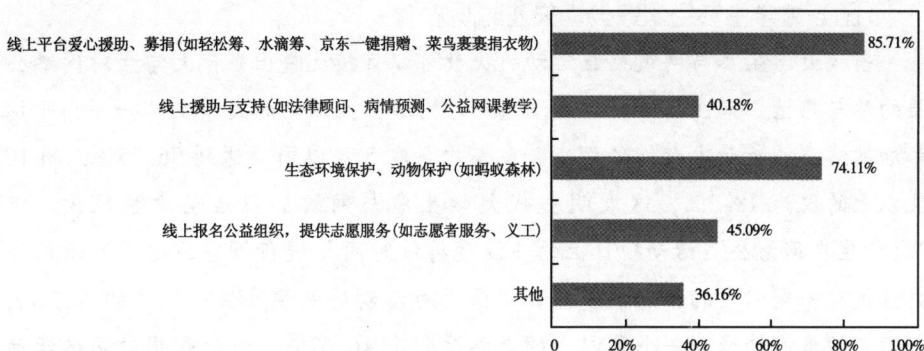

图3　大学生参与过的网络公益项目频率分布条形图

在"每月能够接受的网络公益募捐金额"的问题中，有七成以上的人选择捐款金额为50元以下，还有13.67%的大学生表示不会参与捐款，每月能接受捐款金额在6~20元的选项占比较多。通过限制参与网络公益活动因素调查结果发现，大学生认为限制参与公益活动的首要因素是由于经济成本高。虽然大部分大学生都有帮助他人的愿望，但是由于经济能力有限，因此在网络公益活动中一般不能给予太多，参与能力有限，参与程度浅。

如图4所示，只有19.64%的同学表示会持续关注所参与活动的后续情况和实施过程，近四成的同学表示会好奇但是不会主动去关注后续项目进展，有26.34%的大学生表示如果平台发布后续就去关注一下，如果不发布对后续结果持无所谓的态度，还有16.07%的大学生表示对后续进展不关心，没有后续的关注行为。说明目前大学生在网络公益活动中参与非常浅，很少有人会主动进一步关注公益项目的后续情况，甚至对后续进展持无所谓的态度。

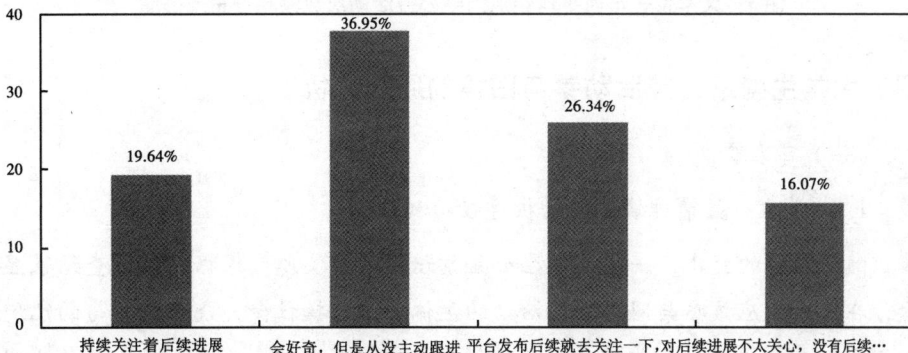

图4　大学生参与公益活动后采取的行为频率分布柱状图

（四）大学生参与次数少，关注时间短

当代大学生参与网络公益活动的次数可以直接反映出当代大学生对网络公益的参与热情。如图5所示，关于参与过网络公益活动的大学生"一年内平均参加网络公益活动次数"的调查，参与次数在5次以内的达到56.25%，而10次以上的仅为18.3%，这表明当代大学生参与网络公益活动次数很少。对"大学生在网络公益活动项目上的关注度持续时间"进行调查，结果显示认为关注度在一周以内的占比最多，其中认为对活动的关注度仅一次性的达三成，表示关注度能持续到一个月以上的大学生仅有16.67%，由此表明对网络活动的关注度更加偏重于一次性或一周内，而并没有把项目的关注度做到持久性，再加之现在日常生活中互联网信息量巨大，信息每天都在人们中间更替，大学生还是使用互联网最频繁的群体，这使得他们对网络公益活动的关注时间持续更短。且大学生喜欢尝试新鲜事物，每天互联网产生的大量新事物也会吸引大学生的关注，就导致大学生在公益活动上的关注度和参与度减少。

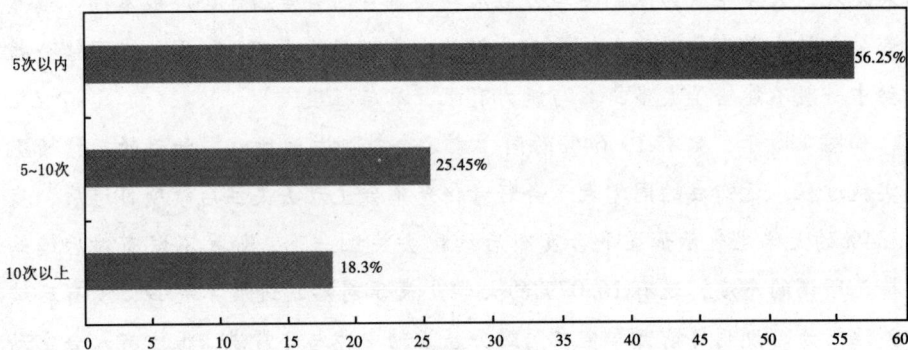

图5　大学生一年内平均参加网络公益活动次数频率分布条形图

四、大学生网络公益活动参与困境的原因分析

（一）主观原因

1. 大学生公益精神缺失，动机存在功利性

随着社会的变化，一些大学生公益意识越来越淡薄。根据问卷调查结果显示，在选择最应该参与网络公益活动的主体中，选择社会大众人人参与的比例达28%，其中选择社会组织和企业的居多，选择国家、富人和公众人物的比例较为接近，这也表明了大学生个人承担公益主体的意识淡薄。根据数据对原因

进行深入分析得出，首先由于目前我国公益事业主要由政府主导，可能导致大学生和公众形成了思维定式，认为国家和社会组织理应参与公益活动；第二，富人资产较多，大学生认为富人与企业应承担更多社会责任，也有条件参与公益活动；第三，目前高校对学生的公益意识的教育较少，加之大学生正处于青年心理成长期，这是一个从不成熟到成熟、人格塑造的关键时期，开始更多地了解自己，自我意识将逐渐增强。由于不良的个人或者社会环境的影响，一些大学生的自我意识会过于强烈，对他人和社会的考虑会减少，一些大学生会出现自私心理，逐渐缺乏公益精神，参与活动也缺乏可持续性。

根据问卷中关于"大学生参与网络公益活动的主要原因"进行调查的结果显示，虽然多数大学生认为参与网络公益活动主要是为了社会责任感和实现个人价值，但是还有一些大学生认为主要是为了充实简历和获得荣誉或学分，把名利与公益关联在一起，甚至很多学生选择跟风参与，由此可知，目前很多大学生公益精神存在一定程度的缺失，且对参加网络公益活动的意义理解不深刻，会有功利主义倾向，动机不正向。

2. 大学生对网络公益缺乏了解

如表1所示，关于"是否了解、一般了解网络公益"的问题，即使有七成的大学生表示非常了解、简单了解、一般了解网络公益，也有84.67%的大学生表示自己曾经参加过网络公益活动，但是很少有人深入理解网络公益的意义和目的，仍有人对于网络公益存在或多或少的误解，其中还有12.33%的大学生完全不知道网络公益。关于"如何看待网络公益活动"的问题结果显示，有近半数的大学生表示网络公益只是借助网络平台来帮助他人的一种活动，17.67%的大学生认为网络公益活动是为了实现公共利益，说明大多数人当代大学生对网络公益定义的理解还算是正确的，但是其中大部分的理解程度还是很浅层的了解，并不知道其深层的目的和意义，且仍有18.67%的人认为网络公益是利用公益活动来进行商业活动，为了宣传和走形式，对网络公益的理解有偏差；还有16%的大学生表示不了解、说不清楚网络公益是什么，说明他们对网络公益概念的认识不够，对网络公益缺乏了解，这也是导致大学生网络公益活动参与度降低的一部分原因。通过对"大学生参与网络公益活动态度"的调查结果显示，近半数的大学生表示愿意或非常愿意参与网络公益活动，只有一少部分大学生表示不愿意或者很不愿意参与，说明当代大学生对于参与网络公益活动的态度还是非常积极乐观的，对参与网络公益活动还是存在一定热情的，部分大学生不愿意参与也可以看出当代大学生的公益精神的缺失和不具备参与的主动性。

表1　调查对象关于网络公益基本情况频率分布表

问题	选项	频数（人）	百分比
您了解网络公益吗？	非常了解	50	16.67%
	简单了解	72	24%
	一般了解	88	29.33%
	不太了解	53	17.67%
	完全不知道	37	12.33%
您是如何看待网络公益活动的？	借助网络平台来帮助他人的一种活动	143	47.67%
	网络公益活动是为了实现公共利益	53	17.67%
	利用公益活动来进行商业活动，为了宣传和走形式	56	18.67%
	不了解，说不清楚	48	16%
您对参加网络公益活动的态度是什么？	非常愿意	56	18.67%
	愿意	91	30.33%
	一般	91	30.33%
	不愿意	34	11.33%
	很不愿意	28	9.33%

通过对大学生是否了解网络公益与是否参加过网络公益活动进行交叉分析和卡方检验，得到 P 值为 0.018，小于 0.05，表示二者通过卡方检验，说明大学生对网络公益的了解程度对是否参加网络公益活动有显著影响。如表2所示，随着大学生对网络公益的了解程度增加，其参与人数也增加，了解网络公益程度越高，参与网络公益活动人数越多。对网络公益完全不知道的人在没参与网络公益活动的人数中占比最高为 51.4%。因此可以看出大学生缺乏对网络公益的了解，会影响到大学生对网络公益活动的参与度。

表2 是否了解网络公益与是否参加网络公益活动交叉表

是否参加网络公益		经常参与	偶尔参与	没参与过	合计
是否了解网络公益?	非常了解	32.0%	44.0%	24.0%	100.0%
	简单了解	26.4%	52.8%	20.8%	100.0%
	一般了解	15.9%	69.3%	14.8%	100.0%
	不太了解	22.6%	45.3%	32.1%	100.0%
	完全不知道	27.0%	21.6%	51.4%	100.0%
合计		23.7%	51.0%	25.3%	100.0%

如图6所示,关于"大学生认为哪个主体更应该做网络公益"的调查中,有31.33%的大学生认为社会组织和企业更应该做网络公益活动,认为社会大众人人都应该参与的比例不是最高的,占28%;23%的大学生认为国家更适合做网络公益,可能由于我国国情和公众的思维定式认为国家政府更有公信力;还有17.67%的大学生认为富人和公众人物是更应该做网络公益的主体,由此看出大学生对网络公益活动的认知偏差,公益事业是社会大家庭里每一个人的事,通过刻板思维和认为谁更有条件和能力谁就更应该做网络公益这种想法是错误的。

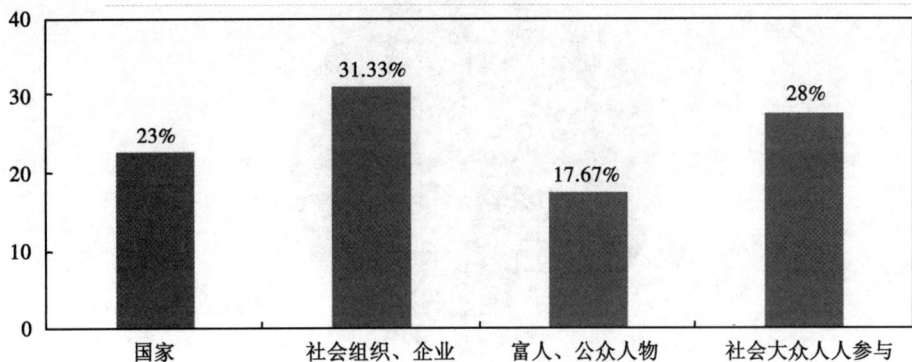

图6 大学生认为更应该做网络公益的主体频率分布柱状图

3. 对网络公益平台缺乏信任,会对信息进行屏蔽忽略

随着互联网技术高速发展,在如今大数据时代,大学生作为接受新事物最前沿,每天都能接触到各种各样的消息,所以由于受一些媒体和社会舆论的影响,还有一些网络诈捐、骗捐事件,导致大学生群体难免会对网络公益持有一定的偏见和误解,对网络公益平台产生不信任。如图7所示,关于"大学生是

否支持网络公益平台"的调查中，现在仍有30.33%的大学生不支持网络公益平台，这也侧面看出大学生对网络公益平台的不信任。在问卷中对"限制大学生参与网络公益活动的主要原因"的调查结果显示，有半数的大学生表示主要原因是对网络公益平台不信任，这导致大学生可能不会去参与网络公益活动。在对"大学生不支持网络公益平台的主要原因"调查结果中显示，有高达72%的大学生认为因为有很多网络骗捐、诈捐事件，所以不敢参与，70%的大学生认为网络公益平台的透明度不高，有65.67%的大学生对网络公益平台存在一定质疑，不认为平台可以把公益落实到实处。由此可以看出，大学生对网络公益平台的严重不信任，对网络公益平台还存在很多怀疑。

在对"大学生是否经常在社交软件（如微信、QQ、微博等）上看到求助寻人、募捐等公益信息"和在看到公益信息之后会如何行动的调查结果中显示，虽然七成以上的人们经常或偶尔见到相关信息，但还是会有一部分大学生在朋友圈或者网络上其他平台看到公益活动信息是会自动忽略掉的，除自己的熟人朋友或者曾经听说过的会适当的参与以外，其他信息可能都会选择性屏蔽，表示与自己不相干就不会去了解。

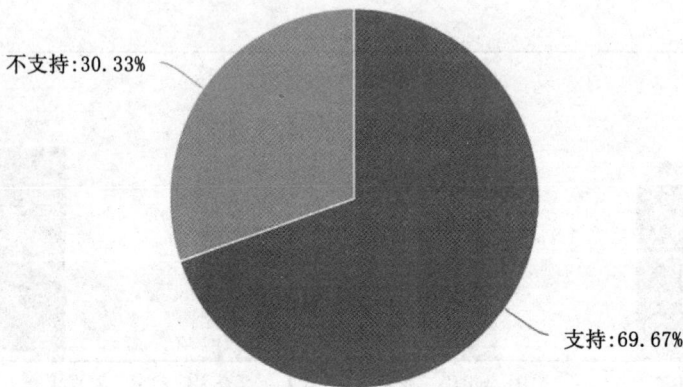

不支持:30.33%

支持:69.67%

图7　大学生是否支持网络公益平台频率分布饼状图

（二）客观原因

1. 网络公益平台的公信力危机

现如今社会虚假的网络公益信息频频出现在公众视野里，一些招摇撞骗的组织和个人利用法律空缺和虚拟身份进行诈捐或骗捐，导致网络公益平台在人们心中的公信力不断下降。根据问卷中对促进网络公益平台发展的重要因素的调查分析中可以看出，大多数大学生认为有关部门加强对网络公益平台的监管和平台自身增加项目透明度对促进网络平台发展最重要，如图8所示，三成以上大学生认为的限制网络公益平台发展的重要因素是网络诈捐骗捐事件使平台信任度下降，这也侧面说明网络公益平台存在着严重的信任危机。据问卷中关于"什么样的网络公益平台更值得信任"这一问题的调查结果显示，排在第一位的是财务公开透明，其次是持续更新后续，排在第三位的是平台是国家相关部门进行注册登记过的，这三点也是影响网络公益平台公信力的重要因素。目前网络公益由于互联网的快速发展也在飞速发展中，平台的信任危机不仅仅是单方面的原因，还有很多其他因素，网络公益平台收到捐款的捐赠去向不清楚，过程不透明，捐助者无法实时监控活动过程，有些平台发布网络公益信息门槛较低等一系列原因导致不断出现信任危机。一些公益众筹平台只需要个人通过平台发布相关信息即可接受捐赠获得捐款，这样的众筹平台有很多，公益平台后台并没有进行细致的审核和筛选，形成的这些问题阻碍了人们爱心的传递。网络公益持续健康发展，必须改善网络公益平台在人们心中的印象，必须提高网络公益平台的公信力。

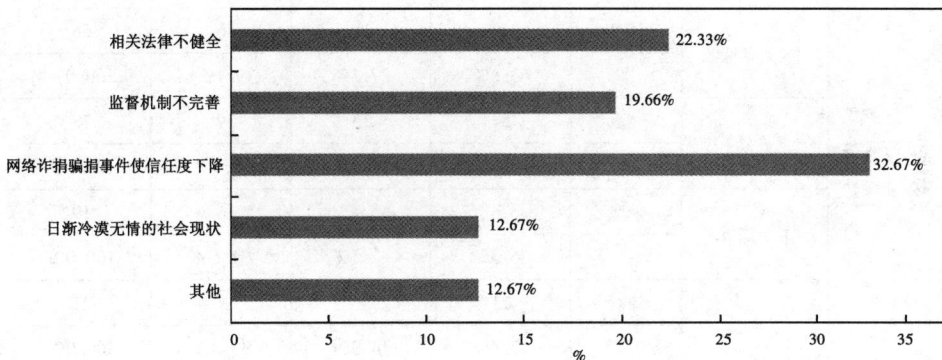

图8 大学生认为限制公益平台发展的重要因素分析条形图

2. 网络公益平台项目实际实施与预期目标效果不一致

在对大学生认为影响参与网络公益活动之后满意度的调查结果中看出，认为项目实际实施与预期目标效果是否一致会影响到满意度的人最多，其次是平台资金开支是否公开透明。网络公益活动的项目组在前期可能非常热情，宣传力度较大，吸引公众参与，但可能在参与的过程中出现持续性低、参与程度难以深入等问题，团队内部在实施过程中就会出现与宣传时不一致的现象，这导致公益活动线上与线下的公益活动脱节，实际实施的与预期目标不一致，无法更好地利用网络平台进行宣传，线上宣传无法反映线下活动，难以形成良性的互动。加之后期宣传力度的降低，对实施结果也没有公开透明，使得大学生的参与度和公益效果都不尽如人意。

将参与公益项目的满意度及主观感受分别与参与网络公益次数做交互分类及卡方检验（$P = 0.000$，$\alpha = 0.05$），表明满意度、主观感受与参与网络公益次数之间是有关系的。如表3所示，对参与过的网络公益项目满意度越高，参与次数越多；满意度越低，参与次数越少。而参与次数在10次以上，但是不满意人数占33.3%的原因是很多人可能是跟风参与公益活动的，导致他们参与深度较浅，所以主观感受较差。而主观感受较好的，参与次数也会增加。

表3 对参与过的网络公益项目满意度和一年内平均参与网络公益次数的交叉表

			您一年内平均参与网络公益的次数			
			5次以内	5~10次	10次以上	合计
您对参与过的网络公益项目是否满意？	十分满意	计数	14	13	13	40
			35.0%	32.5%	32.5%	100.0%
	较为满意	计数	42	18	6	66
			63.6%	27.3%	9.1%	100.0%
	一般	计数	54	15	9	78
			69.2%	19.2%	11.5%	100.0%
	不太满意	计数	5	8	6	19
			26.3%	42.1%	31.6%	100.0%
	不满意	计数	11	3	7	21
			52.4%	14.3%	33.3%	100.0%
	合计	计数	126	57	41	224
			42.0%	19.0%	13.7%	100.0%

3. 缺少对网络公益平台的监管

随着网络公益事业的快速发展，新的参与形式和很多强大的新鲜血液开始注入我国社会公益事业领域，但也暴露出许多潜在的风险和问题。在问卷调查中发现，有42%的大学生认为限制网络公益平台发展的重要因素是相关法律和监管机制不健全，在关于"政府是否有必要建立健全网络公益活动的相关法律法规"的问题调查结果显示，有近八成的大学生表示有必要，通过互联网进行公益众筹的行为目前已经非常普遍，大多数网络平台都是由一些公益组织或个人在网络上自发形成创建的，很多平台并没有在相关部门进行登记，当有的网络公益活动或平台产生一些问题时，就很难进行协调和处理纠纷。民政部门对这类没进行登记的互联网公益组织的监管和审查都比较困难，只有注册的组织和平台才能对其进行引导和帮助，可见对公益平台监管的缺失造成了许多问题。

五、对策建议

（一）大学生个人层面上的解决策略

1. 转变大学生功利心理，树立积极的公益精神

大学生群体是有思想、有知识的新时代青年，是建设国家的先锋力量，也正处于价值观不断完善的过程中，自我辨析能力和判断是非的能力还在继续发展中，所以在面对社会上不同的声音时应冷静思考，要转变只顾一己私利，只为个人着想的消极思想和功利自私的心态，保持积极向上，树立"赠人玫瑰、手有余香"的公益思想，应大力鼓励发展大学生正能量的行为，树立积极的公益精神，帮助其他需要帮助的人，虽然个人的力量很小，但是众人拾柴火焰高。

2. 提高大学生了解网络公益和参与网络公益活动的主动性

通过互联网平台，大学生在参加一些有意义的网络公益活动的线下实践时，可以实时了解社会现状，丰富自己的人生阅历，灵活运用自己学到的书本知识，在帮助他人的同时不断锻炼和提升自我能力，在参与公益活动中不断充实自己，努力成长进步。通过社交媒体和一些常用软件的大力宣传，大学生逐步理解网络公益的内涵，提高大学生网络公益参与度，调动积极性，从而肯定自身价值，团结社会公益力量，号召更多年轻人来参与网络公益活动。

（二）高校和学生组织层面的解决对策

学校和学生组织可以营造良好的公益氛围，为大学生网络公益实践创造良好的育人环境，学校提高学生思想道德教育，提升大学生的社会责任感与助人意识。当代年轻人有着很强的个人意识，他们积极表达自我。通过教育与宣传，可以使大学生在保留这些优点的同时，更加关心社会，乐于助人。

在鼓励大学生参加微公益的过程中，一定要高度重视校园和社会等环境的重大作用。对于大学生群体来说，他们拥有满腔热血且对社会弱势群体等充满

同情心，一些时候大学生们想参与到公益活动中去，但是并不了解详细情况和害怕受骗或权益得不到保障，所以学校和一些社团、学生组织可以举办一些线上活动，鼓励大学生积极参与，可依托校园自身的网络平台，积极宣传各项公益活动和感人事迹，严格筛选网络公益活动并把详细信息推送给学生，对学生参与的公益活动也要进行监督和管理，让大学生清清楚楚地参与公益活动，也对网络公益放心，这也间接促进了大学生了解和参与网络公益活动的主动性。通过高校思想教育引导学生的价值观，培养大学生公益意识，激发大学生了解和参与网络公益活动的主动性，使大学生更多地投入社会公益事业，更好地实现社会责任感和个人价值。还可以鼓励参与过公益活动的大学生进行公开宣传，减少"做好事不留名"的行为，当公益活动在学生交友圈中传开，学生们把公益当作互动话题，让更多的人关注了解网络公益活动，便也可以逐渐调动一些大学生的主动参与的积极性。

（三）公益组织和平台层面加强自身建设

组织网络公益活动的平台应完善自身建设，完善信息发布机制和资金追踪机制，清楚每一项公益资金的捐助渠道和资金流向以及项目进展，让人们的每一份爱心落到实处。应逐渐完善组织内部规章制度，培养公益人才，树立公益品牌，建立公众信任。互联网公益平台以及媒体要发挥信息传播和公众监督方面的优势，引导社会公众关注公益慈善，正确对待公益事业发展过程中出现的问题，营造良好的公益氛围，激发公众参与公益的热情。比如在大学生中备受欢迎的支付宝蚂蚁森林种树、腾讯公益给小朋友们捐画等，只要公益平台不断地进行公益形式的创新，加上互联网媒体这个大平台从旁助力，就能在社会上形成一定的关注度，大学生群体又是对互联网等媒体时刻关注的一群人，以此吸引到大学生的关注和参与，并通过一次次成功的活动赢得社会公众的信任，使公益融入公众的日常生活之中。

同时要加大对受助者申请信息的真实性审核和评估，确保资料的真实性和可信度，严格管理从项目设立、资金筹集到资金使用的整个众筹流程，提高透明度，实时更新活动后续。严厉抵制居心不良者利用公益平台进行牟利，在资金、物料管理方面，在平台上进行财物使用情况的公示，使账目公开透明，有据可查的透明化财务报告可以引入公众作为坚实的监督力量，来遏制平台内部的腐败和牟私利等乱象。让参与公益的社会大众感受到自己可以真正地帮助到求助者，实现其个人价值和社会责任感。平台要加大宣传力度，在如今大数据多媒体的信息时代，网络公益想要发展，首先要让人们了解知道它，才有更多人参与其中的可能。众筹捐款和其他网络公益形式的宣传并进，鼓励更多的人参与到社会公益事业当中，特别是鼓励当代大学生，发挥其优势和力量，举办一些非物质性的公益活动，使大学生可以用所学习到的文化知识，切实帮助更多的有困难的人。

（四）社会层面加强监督

虽然目前我国的网络公益行业存在的监管体系具有一定权威性，但当前社会中存在的网络公益平台数量较大且复杂多样，监管体制在范围、成本等方面的限制会在一定程度上影响到对网络公益平台的监管效率，所以通过充分发挥社会监督可以弥补政府监管的局限性，社会大众的大力支持可以推动网络公益的发展，积极参与网络公益活动的群体要及时跟踪和了解自己参与的公益活动的财产去向和使用情况，关注后续活动进度，也可以要求受赠人说明他们的受益反馈和后续情况。在社会舆论方面，大众媒体应大力弘扬正能量公益思想、行为和活动，积极监督并根据现状和事实公正地进行评价，对于目前网络公益活动的不成熟之处，也能适当提出建议意见，促进网络公益活动的改善，为大学生投入公益事业营造良好的舆论环境。大学生群体要充分发挥优势，共同监督网络公益活动和平台更加公开透明。社会大众当发现网络公益活动过程中存在违规违法的行为时，应依法主张自己的合法权利，积极进行举报，共同促进我国公益事业的发展。同时高校和家庭应加强公益精神培育，高校可以对学生参与的网络公益活动进行监督监管，使学生可以更加放心地去参与网络公益。社会营造人人公益的氛围，激励更多的人参与到网络公益中来，激发参与网络公益活动的热情，共同参与共同监督。

（五）国家层面出台相关法律法规进行保障

目前我国网络公益事业飞速发展，我国有关公益方面的法律法规还跟不上我国网络公益事业的脚步，虽然我国针对公益活动制定实施了《中华人民共和国公益事业捐赠法》《中华人民共和国红十字会法》等法律法规，也出台了一些地方性法规，对网络公益的募捐活动、捐赠行为等方面做出了一些相关规定，但网络公益仍然存在一些法律问题和相关制度保障问题，并没有从根本上解决，所以必须要加快我国的网络公益立法进程，在网络公益活动的实际实践中进行有效的监督和管理，保证我国网络公益活动的合法性，使参与网络公益活动的公民更加放心和安心。政府应尽快制定清晰明确的法律法规，尽可能地减少直到杜绝少数投机者在网络公益平台上发布虚假信息的情况发生，减少一些利用公众爱心赚钱的现象，使有意愿参与网络公益众筹活动帮助他人的大学生或其他人不会再因为信任危机而放弃捐赠，使真正需要得到帮助的困难家庭能够通过众筹平台获得帮助，从而渡过难关。

参考文献

[1] 黄智宽,郭尧,石晶.中国公众的公益观调查报告(2017)[J].人民论坛,2017(4):60-63.

[2] 刘飞龙,贡太雷.青年大学生网络公益慈善现状与对策[J].管理观察,2018(4):73-76.

[3] 牛晓刚.新媒体视角下的大学生微公益发展:以山西大学商务学院为例[J].传播力研究,2019(35):251.

[4] 沈镕荣,李传雅,郑洁."指尖上的爱心"大学生对网络公益参与行为的调查报告:以宣城市为例[J].中国市场,2017(22):113-117.

[5] 方兴,王静.移动互联网时代下"微公益"的形式与发展研究[J].设计艺术研究,2018(1):5-9.

[6] 周良芹."微时代"下中国大学生志愿服务探究[D].成都:西南交通大学,2018.

[7] 李梦娣.场景理论视域下"互联网+公益"的传播模式探索[J].新闻e家,2018:69-73.

[8] 张润姣,阳慧玲."互联网+微公益"视域下在校大学生公益状况调查[J].高教学刊,2019(20):187-193.

[9] 严小芳.推动高校网络公益文化建设的意义与路径探索[J].今传媒,2017(5):157-158.

[10] 朱新茹.互联网时代背景下微公益发展困境及对策研究:以轻松筹公益平台为例[D].郑州:郑州大学,2019.

第六章　个案工作训练

第一节　个案工作训练任务书

一、实验（实训）基本信息

课程名称	个案工作训练	课程编号	0040503635
学　　分	2	开课单位	经济管理学院
先修课程	社会工作概论、个案工作、社会工作基础实习		
适用专业	社会工作		

二、实验（实训）的总体要求

个案工作训练是继个案工作理论学习之后，对学生进行个案工作过程模拟演练的重要实践性训练。

通过个案社会工作实务操作，模拟个案助人实务情景，内容涉及个案工作的关系建立、资料收集与诊断、目标与计划制定、服务提供与治疗、结案与评估等，让学生在模拟情景训练中体验完整的个案助人过程，感受作为社工的岗位要求，反思个案工作的原则和技术，查阅和分析成功的案例，了解个案社会工作的魅力及与其他工作方法的不同之处，能够独立撰写个案相关的文字材料，为以后走向工作岗位打下良好的基础。

三、课程实验（实训）任务

实训项目 1：观看影片，编撰剧本

学生分成小组，每个小组 5~6 人，小组成员在指导老师的带领下观看社会工作相关影片，并在影片剧情基础上，设计、丰富社会工作服务过程情节。把握影片中人物的个性及其所处的环境，在此基础上，能够比较现实地编撰案主的背景材料，包括案主的个人系统、家庭系统、朋辈系统、社区系统等。

实训项目2：模拟社会工作者角色

小组成员轮流扮演社会工作者，在服务案主的过程中，展现个案工作的接案、预估、计划、干预、评估与结案的整个社会工作服务过程；展现接案、预估、计划、干预、评估与结案的能力；展现个案工作服务过程中会谈的能力和技巧；展现个案工作服务背后的理论模式；展现个案工作者的基本态度和服务；展现个案工作者的专业价值理念和伦理。

实训项目3：模拟案主

小组成员在模拟扮演个案工作者的同时，会扮演其他小组服务的案主。揣摩案主的需求以及在求助过程中的心态；揣摩接受服务过程中案主可能有的情绪、行为、心理等；能够较为真实地扮演案主，做出符合案主情形的反应；评价社会工作者的服务，并反思如果自己是社会工作者，将如何展开服务。

实训项目4：撰写个案工作服务过程相关文案资料

在模拟个案工作者服务案主的基础上，完成接案、预估、计划、干预、评估与结案阶段的文案资料填写工作；文案资料撰写的过程中，能够对社会工作服务过程进行归纳和总结；从专业角度反思个案工作的服务过程。

四、实验（实训）的考核方式

总计100分，最后成绩按优、良、中、及格、不及格五个等级评定。90分及以上为优秀，80~89分为良好，70~79分为中等，60~69分为及格，59分及以下为不及格。

平时成绩构成要素		所占比例	设置目标和效果
实习纪律、态度		20%	实习纪律的遵守和实习态度的体现
实习过程表现		30%	对个案工作者态度、能力、技能的展示
小组成绩	个人表现	5%	积极地参与到小组实习中，一起合作完成任务
	材料撰写	15%	文案资料展现社会工作服务过程的各个阶段，并结合专业进行反思
	实习过程	30%	小组展现的个案工作者的服务过程以及模拟的案主的情绪、认知和行为

▨ 第二节　个案工作训练指导书

一、课程信息

课程名称	个案工作训练	课程编号	0040503935
学　　分	2	开课单位	经济管理学院
先修课程	社会工作概论、社会工作基础实习		
适用专业	社会工作		

二、实验内容

实验 1　实习动员及技巧训练

1. 学时

4 学时。

2. 实验目的与要求

要求学生对个案工作实习的过程以及任务有总体的把握，强化学生的个案工作服务的能力，熟练运用个案工作会谈技巧。

3. 实验内容及步骤

对学生进行分组，每个小组 6~7 人，同时为每个小组配备一名实践指导教师。带领学生熟悉实习流程，了解实习任务及要求，并对个案工作服务过程中的具体技巧进行梳理，通过视频观看、模拟演示、小组讨论等形式对技巧进行训练。

实验 2　社会工作过程模拟演示

1. 学时

22 学时。

2. 实验目的与要求

通过编撰个案工作服务案例，模拟扮演个案工作者、案主，学生能够较为深刻地理解案主的处境，把握个案工作的服务流程，并在演示的过程中展现个案工作者的态度、素养以及训练个案工作服务技巧。

3. 实验内容及步骤

各小组通过观看影片，完成个案工作服务的案例，要求在影片剧情的基础上编撰案例，符合现实逻辑，并选取某一小组成员扮演案主，接受个案工作者的服务，在模拟演示的过程中要求较为现实地体现案主的背景资料、情绪、认知以及行为反应。

与此同时，小组成员也将会扮演个案工作者，为他组个案工作服务案例下的案主提供服务，要求按照预估、计划、干预、评估与结案的流程进行模拟演示，在个案工作服务过程中展现个案工作者的基本态度、素养以及个案工作技巧。

（1）组织各小组观看影片，并指导各小组根据影片的剧情编撰个案工作服务案例。

（2）组织各小组做好案主的模拟演示准备，并完成整个个案工作服务流程的案主扮演任务。

（3）组织各小组做好扮演个案工作者的准备工作，并依次指导个案工作者完成接案、预估、计划、干预、评估与结案的任务。

实验 3　撰写文案

1. 学时

10 学时。

2. 实验目的与要求

通过文案资料的撰写，学生能够对个案工作服务过程进行反思，并锻炼学生的文案处理能力；要求学生能够对个案工作服务过程进行归纳和总结，并从专业层面进行反思；要求文字表述简洁、富有条理，正确使用专业术语。

3. 实验内容及步骤

依照接案、预估、计划、干预、评估与结案的个案工作服务流程，在每一阶段的模拟任务完成后，完成相应的文案资料表格填写；并最后完成个案工作服务的评估与总结工作。

实验 4　实习成果验收

1. 学时

4 学时。

2. 实验目的与要求

通过对实习成果的验收，能够帮助学生更深刻地把握实习过程，并对实习过程进行深度反思、总结。要求学生在实习验收阶段态度认真、积极思考。

3. 实验内容及步骤

安排各小组进行个案工作实习的汇报工作，并对学生上交的实习日志和实习报告等成果进行检查，指出其不足之处。

三、考核方式

总计 100 分，最后成绩按优、良、中、及格、不及格五个等级评定。90 分及以上为优秀，80 ~ 89 分为良好，70 ~ 79 分为中等，60 ~ 69 分为及格，59 分及以下为不及格。

平时成绩构成要素		所占比例	设置目标和效果
实习纪律、态度		20%	实习纪律的遵守和实习态度的体现
实习过程表现		30%	对个案工作者态度、能力、技能的展示
小组成绩	个人表现	5%	积极地参与到小组实习中，一起合作完成任务
	材料撰写	15%	文案资料展现社会工作服务过程的各个阶段，并结合专业进行反思
	实习过程	30%	小组展现的个案工作者的服务过程以及模拟案主的情绪、认知和行为

四、建议学时分配

序号	实践教学内容	建议学时	备注
1	实习动员及技巧训练	4	
2	个案工作过程模拟演示	22	
3	撰写文案	10	
4	实习成果验收	4	

第三节　个案工作训练课程考核

课程考核方案

学院名称：经济管理学院

课程名称：个案工作训练

课程性质：□理论（含理实一体化课程）

　　　　　　☑实践（含实验、集中实训及其他实践教学课程）

授课对象：社会工作专业

学　　时：40（其中，理论学时：0　实践学时：40）

学　　分：2

一、考核内容

要求学生深刻体会案主在求助过程中的心理需求，以及在接受服务的过程中可能出现的心理、行为以及改变，并较好地模拟演示。

要求学生能较好地把握社会工作过程，并清楚不同阶段社会工作服务的重心，并能够运用一定的技巧，使专业关系能够朝着既定的目标发展，较好地体现社会工作者的素养。

二、成绩构成项目及评分标准

1. 课程成绩构成结构及比例

总成绩＝个人得分（50%）＋小组得分（50%）

2. 各构成评价的基本要素

个人得分包括实习纪律10分、实习态度10分、实习过程30分。

小组得分包括团队合作10分、材料内容10分、材料撰写10分、材料递交10分、实习过程10分。

3. 各基本项目的评价标准

实习纪律：实习期间是否遵守规章制度，有无无故缺席、迟到、早退现象。

实习态度：实习态度端正、认真，实习过程中积极思考，虚心好学，勤学好问。

实习过程：会谈过程中，体现社会工作者的专业态度，创造良好的会谈氛围，展现社会工作者的专业素养；会谈过程中，始终能够把握社会工作过程不同阶段的谈话重点，并引导谈话朝着既定的目标方向发展；会谈过程中，能够较好地运用谈话技巧，回应案主，处理谈话过程中遇到的障碍，展现会谈的艺术性。

团队合作：组员积极地参与实习，并能与其他组员一起讨论，承担任务，展现良好的团队合作精神。

材料内容：实训的材料内容围绕所选的个案社会工作的治疗模式，需体现其模式的基本假设和工作原则，实施过程步骤正确与否，服务过程中治疗方法与技术的融合。

材料撰写：材料语言通顺，专业词语运用正确等，材料包含接案、预估、计划、干预、评估、结案六方面内容。

材料递交：报告递交的及时性和原创性。

实习过程：扮演社会工作者，在服务案主的过程中，能较好地把握社会工作过程，且清楚不同阶段社会工作服务的重心所在，并确保不同阶段之间有较好的衔接性。能够运用一定的技巧，使专业关系能够朝着既定的目标发展，较好地体现社会工作者的素养。

扮演案主的过程中，学生在基本案例的基础上，能较为现实地扩展案例的背景材料，深刻体会案主在求助过程中的心理需求，以及在接受服务的过程中可能出现的心理、行为以及改变。并较好地模拟演示，确保社会工作服务过程中不同阶段的衔接性。

三、考核过程

（一）考核方式（如口试、笔试、实操等）

实操

（二）考核组织形式（如一对一测试、分组测试、班级整体测验等）

分组模拟演示

四、考核时间及地点

时间教学周第 18～19 周

地点 E609、E607

五、其他有关说明或要求

第四节　个案工作训练案例

成绩	

大连科技学院
个案工作实习

学生姓名 ×××　×××　×××　×××　×××　×××　×××

专业班级　　　　　　社会工作××-×班

学　　号 ×××××××××　××××××××××

指导教师　　　　　　　×××

完成日期　××××年××月××日

个案启案表

个案姓名：____陈美娥____　　　　　　启案日期：__2018.1.2__

案主基本资料

婚姻状况：**已婚**　分居　离婚　未婚　丧偶　　　年龄：____44 岁____

联系地址：_____大连市_____

联系方式：_____138×××××××××_____

　　　　　　　　　　　　　　紧急状况联系人：____无____

个案来源：自我求助☑　社工发现□　转介□（注明转介者：_____）

1. 个案资料

家庭背景：案主家中共有四口人，分别是案主、案主的儿子、案主的丈夫和案主的公公。案主的公公于 2016 年 6 月患上阿尔茨海默症，婆婆于 2017 年 1 月去世。案主丈夫有一个弟弟和一个妹妹，弟弟已经成家，并有两个儿子，但弟弟是上门女婿。妹妹嫁到了外地。在婆婆去世后由大儿子家赡养公公。

经济状况：案主的职业是销售经理，月收入 5000 元左右。案主丈夫的职业是编辑，底薪 3500 元左右，收入不固定，提成根据个人劳动成果发放。案主和丈夫的收入要供孩子上大学，抚养老人，还有日常花销，经济不充裕。公公的退休金仅有 1000 元，在大儿子家中，平时会用退休金支出公公的日常生活以及药物。

健康状况：案主与案主丈夫健康状况良好。案主的公公患有阿尔茨海默症，需要人全天看护。

2. 问题界定

□住屋需要问题　□康复服务问题　☑家庭关系问题　☑情绪问题　□行为问题　☑经济需要问题　□生活适应问题　□危机介入问题　☑家庭照顾问题　□缺乏社区支持问题　□人际关系问题　□职业　□学业与学习问题　□其他（注明）

主要问题分析：案主平时要上班，工作繁忙，还要照顾公公，两头不能兼顾，加上家里经济收入不充裕，自己感到劳累，心理压力越来越大。案主一家曾经尝试过把老人送去养老院照顾，但由于老人患有阿尔茨海默症，养老院不愿意长时间照顾老人。关于照顾公公的问题与丈夫弟弟家交谈过，想与弟弟一家协商一起照顾老人，但始终无果。

危机因素：☑无　□有（高　中　低）（请注明：＿＿＿＿＿）

紧急服务：☑不需要　　□需要（注明所需服务：＿＿＿＿＿）

3. 跟进计划

目标：在预估中与案主丈夫、二儿子以及二儿媳妇进行谈话，深入了解情况。了解案主丈夫对于照顾老人的想法、二儿子和大儿子之间的关系，以及二儿子一家没有照顾父亲的原因。根据案主的需求制定目标：希望老人的三个子女以及他们的家庭共同努力使得老人得到优质的照顾。

介入方法：理性情绪治疗模式　结构家庭治疗模式

4. 备注：

社工签字：　×××　　　　　　　　　日期：2018. 1. 2

5. 督导意见：

6. 个案需要跟进：☑是　　　□否

服务对象访谈记录表（预估　例）

服务对象	陈美娥、陈美娥丈夫 陈美娥丈夫弟弟、弟媳	社工	×××
服务时间	2018 年 1 月 2 日	服务地点	E609

访谈记录

一、工作者与案主谈话

工作者：您好，我们来继续聊一下您的问题。这回的谈话也会被录音，您看可以吗？

案主：可以，可以接受。

工作者：您上次说到您的压力特别大，特别累，回去之后有好好地跟丈夫聊过吗？就是关于您的压力这方面。

案主：我跟我丈夫聊过不止一次。上次回去也聊了，但我丈夫这个人吧，性格特别懦弱，然后我跟他谈什么，只要我声音大点，他就不敢吱声了，然后我就跟他说，就是你父亲这个事，他就还是那样，就是让我放弃掉工作，但是我就是不同意，然后我就把他骂了一顿。（有点抱怨的情绪）

工作者：啊，是这样啊。那您就是有考虑过在公司那边调解，或者休假让自己放松一下吗？

案主：这个我觉得对我根本就是不可能的。因为公司那边，你看现在在这个城市里，我们活着就那么难了，而且公司压力那么大，竞争那么激烈。然后最近公司来了一个新人，这个新人比我这个文化水平要高，我这竞争就更大了，万一哪天她把我挤走了，你看我这一个月就挣 5000 块钱，她再给我挤走，我就没有收入了，那我们一家子拿什么生活，我丈夫一个月的工资也不过就三四千，你说这样，一个月三四千在消费这么高的城市怎么能生活呢？所以我觉得我这个工作是不能放弃的。但是照顾公公我也是有责任的，我真的不知道该怎么办了。（表现出无助、不知道自己应该怎么办）

工作者：没事，我们会尽可能帮您解决这些。您是觉得在公司里面就是还有一些竞争压力对吗？

案主：当然了，公司里同事之间每个人都是在竞争的，做得好就留下，做得不好就走人呗。

表（续）

工作者：是的，您是觉得那个刚来的新人给您的压力很大，就是竞争会很激烈，让您会感觉自己可能能力方面会不如她是吗？

案主：对，我得比她更努力，所以我会更辛苦。就是说虽然她表面上没有跟我提出竞争，但是私下里老板都是看在眼里的，你能力不如人家当然你就有很少可能留下了。（有些无奈）

工作者：那您觉得就是以前的话，老板对您怎么样呢？

案主：以前新人没有来的时候，那时候我也算是一个能力比较突出的人吧，我在公司也是比较有这个威信的，所以老板还是对我比较信任的。

工作者：可能现在新人掌握得比较多一点，您闲暇的时候也是可以多学一点，然后就可以和新人竞争一下。

案主：新人确实需要机会，我作为一个老人我也不会跟她抢，我只想把我自己的工作做好，我不要失去这份工作，对待新人我会恰当地处理，在公司这么多年，这个道理我是懂的。就这样。

工作者：嗯，好的。这个就是新人方面的。公司方面，可以看得轻一点，跟新人的关系处理得其实可以更融洽一点，您公司方面是肯定不会辞退您什么的。（安抚案主）

案主：对，我现在不是想跟她竞争，我现在就是想把自己的位置给稳定住，稳定住我这一个 5000 块钱的收入，或者是更多，然后用这个收入来维持我的家庭。

工作者：好，那我了解到这个方面了。（换一个话题）那您跟小叔子他们家有好好地聊过吗？

案主：唉……（叹了一口气）我说实话，我都不太想提起这一家人，我老公他弟弟吧，我觉得他根本就，特别不懂事，而且他老婆也是，说实话我们两家关系其实不太好，我们办葬礼的时候他就过来一趟就走了，而且也不是特别高兴，当然参加葬礼的本来就不高兴，但他那个态度就是不对，婆婆死了，我就没看出来他有一点伤心的地方，什么人啊这是。我觉得我跟他们根本就不可能聊。我跟那个我家妯娌，她叫苏婉颜，就叫她小苏吧，我跟她吵过架，我们就是在照顾公公这一方面，问题尤其突出。我觉得，她家是属于比较有钱的，您也知道的，上次跟您说过的，我的那个（小叔子）他是倒插门的，可能也就因为这个事，公公跟他关系就一直也不太好，可能就因为

表(续)

这个事，他们两个之间就落下矛盾了吧，所以关系就一直不太好。(低下头、沉默)

工作者：没事没事，不用激动。那我们可以找一下您丈夫的弟弟和弟媳吗？

案主：你是要找他们吗？那我只能给提供一下联系方式，你也知道我们两家关系不太好。

工作者：好，可以，那就留一下联系方式可以吗？然后我们联系一下，讨论一下这个问题。

案主：我们也可以和他们说一说，毕竟养老爷子这事。您也是帮助我们，我们也会尽力地配合您。

工作者：那我们可以找一下您的丈夫吗？

案主：好，可以。

二、工作者与案主及案主丈夫谈话

(案主丈夫上场) 案主：啊，这就是我丈夫。

工作者：嗯，先生您贵姓？

案主丈夫：我姓张。

工作者：行，张先生您好，因为您妻子过来找我们想讨论一下关于您爸爸的照顾问题，您是怎么看的呢？

案主丈夫：我是想我去养，但我家又没钱，养不起，因为我工资(就那样)，我是个做杂志编辑的，我一个月工资才三四千块钱，三千出头，我拿什么养啊。(有些无奈)

案主：(插嘴) 你不是有提成吗？

案主丈夫：提成，这东西……

案主：那你努力一点儿你不就有钱了吗？

案主丈夫：有些东西不是你想有就有的啊~

工作者：两位都先不要激动，不要激动。(安抚情绪) 那你这份编辑工作，也是需要去公司上班的吗？

案主丈夫：嗯，有时也会在家打稿。

工作者：嗯，那在家的时候会照看您的爸爸吗？

案主丈夫：哦，我需要打稿啊。

工作者：……打？(表示没听清)

表（续）

案主：打稿。他就这样，说话不清楚。

工作者：那您跟您弟弟有聊过爸爸的问题吗？

案主丈夫：我跟他聊过，但是吧，跟他其实还可以，但是跟他说完了，他媳妇不听话你知道吗，这个人太木了你知道吗，以前就跟他有点那什么，然后照顾我爸这事吧，他家有钱，他也有时间，他就是不管事……

案主：他就是不想管。

案主丈夫：对……嗯。

工作者：那，您弟弟的工作是什么呢？

案主丈夫：有工作吗？（并不真正了解）他现在，我看他就是天天在家，你知道他倒插门了吗？

案主：是，他弟弟……他家不是有钱吗，她就在公司做董事长呗，那他弟弟就跟着一起当呗。这有什么的，她爸爸那边给他随便安排一个职位，他就直接上去了啊，还要找什么工作。也不用干什么活，一个月就拿很高的薪水。

工作者：那就是说弟弟其实很清闲的是吗？

案主：对啊，在我们看来是这样的。我们觉得他是很清闲的，没什么活。

工作者：好，那我们了解到这个问题了。那您觉得您弟弟和您弟媳之间的关系怎么样呢，就他们两个人之间的关系。

案主丈夫：应该还可以吧，弟弟也很听他媳妇的话。

工作者：听话吗，是单方面的是吗？

案主：挺听话的吧，反正从来没听我们的话，从来都是听他媳妇的话，你说是不是。

工作者：好，行。那你们就是有考虑过再找一些养老院什么的把老人送过去吗？

案主：我跟我老公其实就是去找过，但是就发现费用都太高了。

案主丈夫：就单靠我们一家支撑不起。（叹了一口气）

工作者：那这个费用的话就没有找弟弟和弟媳或者妹妹他们聊过吗？这个费用的问题。

案主丈夫：不是说了吗，他就是不管事。他有那个能力，但就是不管。（很无奈）

案主：也找过，就会说，我们也没钱。他们就会这么说。

工作者：哦，就是可以理解到您的弟弟不想支付这部分的费用，也不想照顾老人是吗？

案主：这个弟弟是不是（这么想的）我不知道，但他老婆真的是，就是态度特别不好，就跟我们说，他们一家都没钱。

案主丈夫：就是他想管，他媳妇也不让他管，对。

工作者：就是弟弟其实是有这方面的想法的，但是您弟媳不愿意支出是吗？

案主丈夫：可以这么说。应该有吧。

工作者：好的，然后，那您的妹妹呢？有讨论过关于爸爸这方面的问题吗？考虑过经济方面的支持吗？

案主：他妹妹远嫁了，嫁到海南去了，她在那边当导游，说实话她一个月也挣不了多少钱……

案主丈夫：海南消费水平也高。

案主：对，她每个月也会往家里寄点钱，但只够给老爷子买点补品什么的，别的也不太够。你要说拿这个钱去找养老院，给他治病什么的真的是杯水车薪。（体现出无助）

案主丈夫：现在找个好点的养老院都得多少钱啊！

工作者：可以理解。那你们希望的话，是我们跟您弟弟和弟媳聊一聊，然后希望他们能分出时间和经济方面的支持来照顾老人是吗？

案主：当然是希望的，因为现在我们一家就只有他们有这个能力了，有钱，还有时间，他们要是能帮助我们真的是解决了很大的问题，而且我觉得，她如果帮助老爷子，那我们两家关系也会缓和一些吧，就是她解决了一件事同时解决了另一件事。而且不是他爹吗，儿子去孝顺他爹，就是照顾照顾他爸爸怎么了。对不对？

工作者：对，作为子女孝心肯定是要有的。那以前就是在弟弟没有倒插门的时候，和爸爸的关系好吗？

案主丈夫：还好吧，我爸爸比较疼我。

工作者：就是说对弟弟有一点忽视的是吗，可以这么理解吗？

案主丈夫：这么跟你说吧，以前的话，他太皮了。

工作者：嗯，太皮是怎么样的？

表（续）

案主丈夫： 就是，不听话。

工作者： 所以说就是在你们说的倒插门之后，爸爸对弟弟的态度就是很不好了是吗？

案主丈夫： 更不好了。

案主： 就是以前，我老公跟我说了，他是做杂志编辑的嘛，他爸爸也是个读书人，他弟弟像他说的一样，特别皮，而且那阵想去当兵，他爸爸就没同意，所以就闹得特别僵，他弟弟有一阵就离家出走了，他爸就特别看不上他，所以就可能一直对我老公比较好，而且我老公的文化就是也比较高，从小学习也比较好，懂事，所以就比较偏袒我老公。（陈述事实）

案主丈夫： 所以我们就想多孝敬一些，但是能力有限，真的有限。

工作者： 那您觉得弟弟对爸爸的态度是怎么样的呢？弟弟单个人的。

案主丈夫： 我也摸不透他。

工作者： 您觉得他，如果不考虑他媳妇的态度的话，他会愿意来照顾爸爸吗？

案主丈夫： 那肯定会啊，毕竟他是他儿子啊。

工作者： 那就是，你们认为是弟媳的因素阻碍了弟弟一家来照顾公公是吗？

案主： 嗯，我觉得是。她是起了非常大的阻碍。

工作者： 嗯，那你们可以留一下弟媳的联系方式吗？可以下次联系一下。

案主： 行，我也跟他们说一下。

工作者： 行。那现在公公的状态怎么样了呢？就是身体方面，还有发病还频繁吗？

案主： 公公就是以前是当教师的，所以身体方面还算硬朗。但现在他发病也是不分时间的，有时候我们晚上睡觉，然后他也会过来闹我们，整的我们晚上一直休息不好。整天上班没精神。就有的时候他洗澡，都能把自己淹死！我都不敢相信，那天他去洗个澡，我就去接了个电话，也就聊了半个小时吧，聊了点公司的事情，就发现公公怎么还没洗完呀，然后我就去浴室一看，他那个门就打不开，当时我都吓坏了，赶紧把我老公喊过来把门给开了，一看公公都差点淹死，就滑倒在浴缸里，晕倒了还是怎么了，差点把自己溺死了。真的是把我吓死了，真不知道以后还会出什么幺蛾子，这都是一小部分。（体现出担心、焦急）

表（续）

工作者：嗯，没事没事，不用激动。

案主：怎么不激动，吓都吓死了。

工作者：那有去医院看吗？医生有什么建议吗？

案主：医生说这个病，他就治不好。阿尔茨海默症就是治不好。

工作者：那照顾方面有给出什么建议吗？

案主丈夫：就是得要有人看着啊，24小时要有人照看。

案主：一分钟不在，他就出点事，这怎么让人放心。所以他让我辞职嘛。

案主丈夫：他现在都不知道自己在做什么。

工作者：那您觉得如果妻子辞职的话，家庭的经济可以维持吗？

案主丈夫：你觉得呢？

案主：你说什么呢？怎么能这么跟人说话？

案主：那当然是不行啊，我一个月挣5000元，他才挣三四千元，我是一个主要的收入来源，不能辞职我觉得。

工作者：那您没有觉得工作方面来做一点调整来照顾家里面吗？

案主丈夫：这东西，不是你想有就有的啊，我也想换份赚钱的啊。

案主：现在工作不好找。我也知道。

案主丈夫：我都45岁了。

工作者：啊，不好意思，可能我说得有一点不恰当。我是觉得阿姨，您觉得您的工资要比您丈夫的要高，那为什么不劝您丈夫去做出一点改变呢？来照顾家里呢？

案主：我劝过他啊，他一个男人自尊心强。（看了一眼丈夫）

工作者：那您在这里，你觉得您能做出改变吗？

案主丈夫：我天天在家？你觉得好吗？（问工作者）

案主：怎么着吧？（对丈夫）

案主丈夫：就是，我也比较笨，让我干家务活啥的也没有你干得细心啊。

案主：那你可以慢慢干啊，那家里有个人看着总比没有的好吧。（训斥）

案主丈夫：反正我……（不高兴）

工作者：没关系没关系，不用争执。（缓和局面）

案主：就我公公吧，他现在就只认识我一个人，我也不知道为什么，可能我以前对他照顾特别好吧。

表（续）

工作者：哦，是因为您公公在发病之后只认识您一个人是吗？

案主：嗯，对，他痴呆之后就只认识我一个人，他亲儿子都不认识。

工作者：那弟弟那方面知道这个问题吗？

案主：知道，我小姑子还怀疑我跟公公有什么说不清道不明的关系呢。

工作者：啊，那肯定没有的。有解释过吗？

案主：那肯定解释过啊，那当然是不可能的，那是因为他们都不在身边照顾，只有我在照顾。

工作者：那这一方面的问题，您弟弟和弟媳方面没有一点觉得自己应该做出点什么支持吗？

案主：他们俩都不是糊涂人，他们肯定是认识到的，但就是关系不好，他们就不喜欢我公公，他们就不想，就是故意不作为。

工作者：那是什么原因导致你们两家关系就是这么的不好呢？

案主：一个是因为倒插门嘛，还有就是，我觉得也有因为我妯娌的关系。她这个人……

案主丈夫：就挑事。

案主：也不是，挑事也有吧，就是有点无理吧，无理取闹那种。

工作者：那弟弟作为中间人没有跟你们两方面调解一下关系这样的吗？

案主丈夫：他跟她老婆的关系肯定比我们好，毕竟他们是夫妻。

工作者：就是他想尽到照顾父亲的责任，但是碍于他媳妇的关系，所以没法照顾是吗？

案主：差不多是这样吧，他没有胆子去拿钱或者干什么……

工作者：那就是主要是弟媳这方面的问题是吗？

案主：我觉得只要她松口了，应该问题就不是特别大。

工作者：那其实你们现在有好好地跟弟媳说一说这方面的问题吗？就是你们家现在这个经济状况没有办法再好好照顾公公了，有好好说过吗？

案主：我是觉得，我们家的事跟他们说没必要，她只要解决我公公这个事就行了。

案主丈夫：这事不用刻意说吧。

案主：就我俩挣多少钱就不用说吧。

工作者：但是如果完全不说的话，我说得可能会稍微直白一点，就是该如何

表(续)

请弟弟一家他们来帮忙呢?

案主:那确实……（停顿几秒）应该跟他们说一下，最近经济压力确实比较大，需要帮助……

工作者:那就是下一次如果可以，这一次谈话结束之后，好好地跟弟媳谈一谈这个问题。

案主:我们会先把我们现在面临的压力就是跟她说一下吧，至于她帮不帮，我希望你们还能帮忙再说一下……

工作者:嗯，我们肯定会介入来谈一下这个问题的，毕竟对于公公的话，子女还是要敬孝心的。

案主:好。

工作者:那这一次的谈话就差不多到这里了。谢谢您的倾诉。

案主:谢谢。

三、工作者与案主丈夫弟弟（小叔子）的谈话

工作者:您好，您叫我小白就好，您知道您的嫂子来找过我们，谈过您爸爸的照顾问题吗?你知道这个状况吗?

小叔子:我知道，他们上次回去跟我说了。跟我说来着，但我不知道你们这是干什么的?

工作者:那我给您简单地介绍一下我们机构，您嫂子来到我们机构主要是针对公公的问题，我们机构是可以针对儿童、青年、中年、老年等不同年龄的群体，有不同的社工会更专业科学地来开展服务，用专业知识和技巧来解决生活、工作、家庭中的问题。所以，您嫂子觉得公公身体健康照顾方面对她们家庭来说是有一点点的问题，所以来找到我们，我们这回找到您主要是想看一下您对爸爸的照顾问题有什么看法吗?

小叔子:我爸，不一直是我哥他们在照顾吗?（发出疑问）

工作者:啊，对，那您知道您父亲现在的身体状况吗?

小叔子:就前段时间，老人老了嘛，患上了阿尔茨海默症。

工作者:就知道这个问题吗?

小叔子:啊，对。

工作者:那您知道他现在生活有些不便吗?

小叔子:那当然，阿尔茨海默症，老年人失智了，很多情况肯定都不是自己

能够控制得了的。

工作者：那您知道，您哥哥他们家照顾您父亲其实是有一点困难的吗？

小叔子：那有什么困难呢？

工作者：因为您嫂子工作方面有一定的压力，再照顾您爸爸有一点力不从心吗？

小叔子：那当然了，在这么大的城市中工作，加上照顾老人压力可能会多点儿。（表示理解）

工作者：那您会抽出时间来照顾您爸爸吗？

小叔子：我这个工作其实比他们忙一点，因为毕竟我们公司是比他们公司要大，我管的事多，职位也比较高，大家各司其职嘛，各自顾的事情也不同，忙的程度也不一样。

工作者：那您觉得您工作是很忙的，那有闲暇时间去打电话或者偶尔抽个时间去家里看一下，或者吃个饭什么的吗？

小叔子：这些倒是可以，但是我爸吧，他其实从小还是对我哥哥比较好吧，他没得病之前也不怎么跟我打电话，跟我联系联系感情啥的，现在就算我给他打电话他也不认识我，他说不清话，那我给他打电话我说啥呀。电话都不一定能接起来。

工作者：那就是您觉得您父亲已经不认识你了？

小叔子：对，（赞同）只认识我大嫂。

工作者：那您觉得作为子女是不是应该对父亲尽孝心呢？

小叔子：孝心当然要有了，我也想照顾我父亲，那是我亲爸呀。可是照顾吧，我们一方面，我们也忙，也都有工作，另一方面，我也知道我大嫂来的意思，可能说两个人经济条件不是很好，但是你说我这边，我虽然说是公司里职位比较高，但是我在家里不管事儿呀，钱也不在我这儿，我想帮助我爸，可是我拿不出来钱呀。

工作者：那您有好好跟您妻子聊过这方面吗？

小叔子：就是母亲刚过世的时候，大哥找过我和我太太，然后我也和我太太说过这事儿，她就是不同意，主要是这方面，毕竟我爸我肯定是想照顾的，那是我爸呀。

工作者：那为什么您太太会不同意呢？

表(续)

小叔子：那钱都是她管，我也不知道为什么不同意，就是一方面可能是我爸年轻的时候没生病之前，对我大哥家比较照顾，我媳妇可能也觉得有点儿不公平。

工作者：嗯嗯，那您有考虑过您和您大哥家经济上有些不一样，这一方面可能会影响你父亲对您的看法吗？

小叔子：啊，经济方面因素？

工作者：对，因为就是我个人观点啊，你们家经济条件可能比大哥家的经济条件要好一点，所以您爸爸会觉得要更照顾一下您哥哥，会有这种感觉吗？

小叔子：这个应该是结婚之后的事儿，我从小爸爸就对我哥哥照顾要好。

工作者：那您觉得为什么爸爸会这样看呢？

小叔子：我不知道呀，可能我比较淘，我哥哥学习比较好。

工作者：那您知道原因为什么还会觉得爸爸不公平呢？

小叔子：这方面不公平，我感觉还好，而且我现在也是愿意拿钱出来照顾我爸的，主要是我没有钱。(很无奈)

工作者：啊，行，那我们先了解到这个状况，我可以找一下您妻子吗？

小叔子：找倒是可以找，反正我不知道她来不来，我可以把联系方式给你，或者我给她打电话也行。

工作者：那您可以给她打个电话问一下她的意见吗？

小叔子：啊，行。

四、工作者与案主丈夫的弟弟和弟媳的谈话

(弟媳出场)

弟媳：谁坐正面不知道吗？ (弟弟由正对工作者的大椅子移到旁边的椅子上)

弟媳：听我先说哈！首先我不想来，还有你也知道我是开公司的，就给你十分钟时间，十分钟一到，我立刻就走。

工作者：您贵姓？

弟媳：我姓苏。(很不耐烦)

工作者：苏女士您好，我们社工的话，是想帮助你们调解一下关系。

弟媳：不用你们帮助。(语气强硬)

弟媳：(对弟弟说) 你不知道咱们来干什么的？你不知道你爸以前怎么对你

表（续）

的呀！

弟弟：我知道，我知道，你先听人家说完。

弟媳：帮你出头，你在这嗒嗒什么？（看着弟弟）

工作者：我从你们的谈话中，可以知道就是你觉得他爸爸对他不好所以不想提供经济支持？

弟媳：仅仅是一方面。

工作者：那还有哪方面呢？

弟媳：你了解不够清楚吗？你就把我找来？（用手指着工作者）

工作者：所以我在向您了解问题。

弟媳：那我告诉你啊，第一个我老公之前他爸他妈就比较偏大哥，这一点是他们之前的原因，现在他娶了我了，我就必须得为他负责，为他出这个头！第二点老头儿现在得了这个病，他就认识大嫂一个人，我们谁都不认识呀，我还凭什么去照顾他？最后一点他跟我没有血缘关系，从法律上怎么讲，照不照顾他都是我自愿的，你就是到哪儿说我不照顾他也没有什么，懂了吗？

工作者：您确定您有好好地看过法律吗？

弟媳：是你没看过吧！

工作者：作为子女的话，其实需要……

弟媳：（打断工作者）可是他跟我没有血缘关系，我老公可以去照顾他，但是他跟我没有血缘关系，我没有义务去照顾他，我爸我妈有病了我不照顾那是我的问题，但是那不是我亲爹亲妈。

工作者：那您觉得您让您丈夫去看他的亲爹，有问题吗？

弟媳：可以去看呀，我也可以陪着去看呀。

工作者：那您为什么不让他去照顾父亲呢？

弟媳：我没说不让去照顾呀。

弟弟：我老婆没说不让我去照顾我爸。

弟媳：但是每个人都有自己的事业对吧，我到时候我这边儿什么都不干了，专门照顾他去，何况老头儿现在跟我们谁都不认识。自己亲二儿子都不认识了，怎么照顾呀。

工作者：那能不能抽出一点时间去尽一点孝心呢？就是抽一点儿时间那种。

弟媳：据我所知我大嫂找你们的原因是想让我们出钱去找保姆照顾老头儿，

表(续)

不是让我老公去照顾他吧。（质问工作者）

工作者：这方面我们可以慢慢来，主要是我们做子女需要尽一点孝心照顾一下自己的亲人。

弟媳：时间多了没有，一礼拜去看一回行了吧。（一点儿妥协）

工作者：那您知道您大嫂其实经济上有一点不充裕吗？

弟媳：我知道呀。（说得轻松）

工作者：那就是为什么不愿意提供经济方面帮助？

弟媳：我的钱凭什么给他们？

工作者：但是您提供经济支持并不是给大嫂呀，而是给您公公。

弟媳：这么说吧，这个钱呢拿出来我也知道是用在哪儿上，老头儿呢生前，（语气强硬）啊，不对，没得病之前如果说对我老公要是好的话，对两个儿子公平的话那我没有什么说的，就算得病不认识我们了，我们也会尽这个义务。但是老太太死的时候，对于财产分配就不公平，不公平老大什么也没说，我们家这个也就这么忍着，那我作为媳妇，我不为他出头谁为他出头，他自己就不公平，我凭什么对他好？

工作者：那我问一下您丈夫，您觉得爸爸是一直对您不好，没有尽到过爸爸的责任吗？

弟弟：不能说不好，可能就是有点儿偏向，毕竟家里孩子多嘛，偏向谁也是可以理解的。

弟媳：就俩孩子一碗水凭什么不能端平，啊！对，仨孩子，仨孩子。忘了还有个妹妹，妹妹老也见不着面儿，都忘了。（满不在乎的样子）

工作者：那您觉得爸爸照顾三个孩子，不会很辛苦吗？

弟弟：那他们那个年代养我们三个确实挺辛苦的，但是主要是我对我爸没有啥意见，就是可能小的时候吧家里也穷嘛，就是普通的教师没有太多的工资，我当时也是想上学啦，可能也是因为我学习不好，然后我们三个人就供我大哥了，那也可能是我的理想，会有一些怨气吧。不能说我不愿意去尽我的孝心，可能那个时候有些怨气加上从小就是偏向我大哥。

工作者：那妻子听到了，苏女士您还觉得对公公怎么样呢？

弟媳：那我老公怨气都没消，我能消吗？

工作者：但那是小时候的呀，您看您现在您爸爸的状态也不好，然后还时常会发病，您觉得是不是应该……

弟媳：（打断工作者）那不行，有因就有果，他在我老公小时候种下的因现在我就要还他这个果，我老公不还，我替我老公还。（说话声音加大，有怨气）

工作者：我们来问一下丈夫可以吗？

弟媳：你别问他了，他说话不算，我都来了，问我就行了，本来就不乐意来，还消气呢消气。

工作者：不好意思，可能我们的话惹您生气了，不好意思，我们对此很抱歉。女士，你不要着急，我们慢慢来。

弟媳：不能慢慢来了，我说就给你十分钟，现在都多长时间了？（有些不耐烦）

工作者：我们问一下您哈，那您可以换位思考一下吗？您要是公公的话，在这种情况，三个孩子都是这样子……

弟媳：我肯定会一碗水端平。

工作者：但是在那个年代，那种情况下，上学的经济条件是不够的，如果栽培一个人，可能就会对丈夫这样的会稍微有一点儿不能端平。

弟媳：对于这个培养谁呢？我无所谓，但就这个财产分配，这个是不是就有所谓了吧。我老公学习不好不培养也就那样了，但现在去世了之后，遗产分配还那么不公平？这个时候硬要比拼财力物力的话，我家怎么也是他俩几倍了吧。不能说因为我家有钱就财产给他俩多一点儿给我家少一点儿，这不是说钱不钱的问题，我家不差钱！

工作者：那如果您觉得您家不差钱，那您经济水平……

弟媳：（打断）心寒懂吗？

工作者：但是老人对这个方面现在……

弟媳：（打断）遗嘱是他意识清醒之前立的，不是他有病之后立的，有病之后立还能行吗？能生效吗？自己干啥都不知道呢？还立遗嘱？立什么遗嘱立遗嘱呀？

弟弟：不好意思，我媳妇就这脾气吧，从小家庭就不错，家里就一个独生女，脾气就这样，说什么还希望您理解，因为我俩结婚吧，我爸就不是很同意，结了婚你也想吧，我爸对这的态度。所以我都可以理解。

表（续）

工作者：那不好意思，可能这回的谈话，我们对您并不能带来很好的感受，我们谈到这儿，您有事儿的话可以先去忙。

弟媳：再也不要来了。

工作者：不好意思，耽误您时间了。

下一步打算

（1）了解案主家财产分割的具体情况以及案主对案主丈夫弟弟一家人的看法。

（2）了解两家关系，关系僵化是从什么时候开始的，明确案主丈夫弟弟的态度。

（3）与案主共同商讨最终目标和具体目标，希望案主在接受工作者建议的同时提出自己的想法和意见，体现案主的自我决定，且工作者尊重案主的意愿。

（4）案主与工作者共同讨论介入阶段的步骤和方法途径。

另注：（1）用于一般服务对象访谈记录；个案预估、服务访谈记录。

（2）本表可附页。

个案预估摘要

一、对案主自身系统的预估

1. 案主自身存在的优势

案主自身坚强能干，维持家中的生活以及经济稳定，是家庭中的经济支柱，收入比丈夫高。对公司的业务熟悉，是一个能力较强的销售业务经理。

案主心地善良、勤俭持家、孝顺老人、任劳任怨，身上有着传统女性优秀的品德。心甘情愿照顾老人，是一个尽职尽责的儿媳妇。案主与丈夫的感情较好，能够理解丈夫，同时能够和丈夫一起很好地抚养儿子，将其送上大学，是一位较合格的妻子和母亲。

2. 案主自身存在可能导致其生活或学习困难的特质

心理方面：心理压力较大，公司的新人给自己带来竞争的压力，同时自己平时在家中需要照顾公公而带来的劳累使自己无力应对。并且小叔子和弟媳没有帮助自己和丈夫照顾老人。有点怨气，委屈，感觉身边琐事较多，心情不好。

生理方面：照顾公公十分劳累，有时晚上因为要照顾公公，睡眠得不到保证。

社会方面：案主和其丈夫与丈夫弟弟一家人的关系因为之前公公分割房子财产的不公平等情况存在着不小的冲突。

二、案主所在家庭系统的预估

1. 家庭系统中的优势

案主自身的小家庭完整且内部关系较为和睦，与自己的丈夫和孩子之间关系较为密切，案主自身在家庭沟通方面起到主导作用。丈夫尊重案主的选择。

2. 家庭系统中可能存在的发展不足问题

案主及其丈夫在经济收入方面因为需要照顾公公且公公的退休金很少，丈夫的收入也不是很多，所以会有一定的负担，经济上不是很充裕。案主自身家庭的内部在案主是否辞职照顾公公方面在一段时间内没有达成共识。

案主一家人与案主丈夫弟弟一家关系并不和睦，且存在一定误解。加上彼此工作都很忙，双方家庭之间缺少沟通和交流。

在家庭支持网络中案主丈夫弟弟一家对案主一家照顾公公方面不愿提供经济以及日常照顾等方面的支持。

三、对外在环境系统的预估

案主是 44 岁的已婚女性，其外在环境是工作单位和同辈群体。

积极方面：案主在公司中是销售经理，在公司时间较长，且有着 5000 元左右的工资收入，较为稳定。

消极方面：① 公司中有新人加入，存在着竞争，案主与新人相比在文化水平上不具有优势，导致案主在工作方面存在着压力；② 案主较少向工作者提及她的同辈群体，因忙于在家中照顾公公以及在单位中的工作，自己的空闲时间较少，与朋友之间的关系交往不频繁。

四、对亲友、社区及其他社会资源体系的预估

1. 对亲友的预估

积极方面：案主的小家庭较为完整；和丈夫之间感情较好。

消极方面：① 案主的公公身患阿尔茨海默症，案主需要照顾老人。案主的小叔子及其媳妇没有提供相应的经济和日常照顾方面的支持；② 案主与朋友之间联系较少，交流不是很频繁。

2. 对社区以及其他社会资源体系的预估

积极方面：① 案主身处的社区会举行一些关于照顾阿尔茨海默症患者方法的分享与座谈会；② 社工机构可以给案主提供一些照顾阿尔茨海默症患者的方法，以及给案主链接养老院机构以及护工等资源。

消极方面：① 社区活动的普及面较少，案主不知道社区举办过此类活动；② 案主曾将老人送到过养老机构，但因为老人的病情特殊严重而遭到拒绝。③ 案主所生活的城市缺少专门治疗与看护阿尔茨海默症老人的养老机构，有的只是综合型的养老机构。

个案工作计划表

案主姓名：陈美娥

1. 个案背景/问题的简述

案主的公公于 2016 年 6 月患上阿尔茨海默症，婆婆于 2017 年 1 月去世。案主丈夫有一个弟弟和一个妹妹，弟弟已经成家并有两个儿子，但弟弟是上门女婿。妹妹嫁到了外地。在婆婆去世后由案主一家赡养公公。由于案主的工作时间较忙以及案主和丈夫的收入要供孩子上大学，赡养老人，还有日常花销，经济不充裕。因此想让弟弟和弟媳也能提供一些日常照顾、经济等方面帮助。

2. 社工对个案的分析

需要社工帮助解决的问题是如何使老人得到较好的照顾，并且减少案主丈夫弟弟以及弟媳对案主一家及公公的偏见和怨气，促进两家关系的和谐。使案主丈夫弟弟家同意给老人提供帮助和照顾。

3. 长远目标

希望三个子女能够共同承担起赡养父亲的责任和义务。案主家和小叔子一家和睦共处。

4.

短期目标	介入方法	评估方法/工具	达成的指标
案主丈夫在闲暇时可以照顾父亲	个案介入——认知行为治疗模式	案主的反馈	案主自身压力减少，每天晚上比之前多1~2个小时的闲暇时间
案主的小叔子可以抽出时间看看老人，并且提供经济上的支持，尽义务	个案介入——认知行为治疗模式	案主的反馈	小叔子提供的金额数量，看望老人以及打电话的次数，1周至少1次。
弟媳可以同意其丈夫照顾公公，并提供经济帮助	个案介入——理性情绪治疗模式	是否支付赡养费并照顾公公	弟媳支付赡养费的金额，对其丈夫的态度
案主家和小叔子家共同商讨出赡养老人的最佳方法，同时促进两家关系的缓和	家庭介入——结构家庭治疗模式	老人是否得到好的照顾，案主家、小叔子家以及小姑子的反馈	老人状态稳定，没有安全问题发生，情况有所好转。案主家以及小叔子家同意照顾老人的方式，两家可以心平气和地谈话，减少吵架次数

社工签名：×××　　　　　　　　　　　　　　　　日期：2018 年 1 月 3 日

督导意见：

督导签字：　　　　　　　　　　　　　　　　　　日期：

结案评估报告

服务对象姓名	陈美娥	社工姓名	×××
起止时间	2017.1.2—4	服务次数	6次

结案/转介原因

☑达成目标　　　□服务对象搬离本区　　　□服务对象拒绝服务

□服务对象失去联系　　□转介别的单位（注明单位）_____

□不适合跟进（注明原因）_____

□其他（注明）_____

服务对象的现状及评估

一、服务对象原先的问题

（1）服务对象的工作很忙，工作单位竞争较为激烈，家中公公患有阿尔茨海默症需要人来照顾，服务对象觉得自己身边的琐事很多，心情不好、压力过大。

（2）服务对象希望丈夫的弟弟和弟媳能够在对公公日常照顾、经济等方面提供相应的帮助。

（3）服务对象希望改变弟媳对公公的误解，子女共同努力促使公公可以得到良好的照顾，并且促进两家之间和谐关系的形成。

二、服务对象改变/没有改变的现状

（1）服务对象在照顾公公方面的压力有所缓解，精神面貌有所变好，心情愉悦。

（2）服务对象的公公日后由24小时的护工进行照顾，服务对象的丈夫也掌握了一些照顾方法。

（3）服务对象一家人与其丈夫弟弟一家人的关系缓和，联系和以往相比较为频繁。

三、服务对象和服务过程的评估

1. 服务对象改变/没有改变的原因分析（从服务对象个人而言）

（1）服务对象本身心地善良、孝顺、任劳任怨，心甘情愿照顾老人，是一个好的儿媳妇。

表（续）

（2）服务对象与人和善，有来自丈夫和家庭中其他亲属的支持，配合工作者为其建立支持网络的工作。服务对象的丈夫以及丈夫的弟弟都明确知道自己有赡养父亲的责任和义务，服务对象丈夫的弟媳虽然较为强势，但深爱自己的丈夫，易心软。

2. 服务目标达成/没有达成的原因分析（从服务过程而言）

（1）在接案阶段，服务对象与工作者建立信任的专业关系，工作者初步了解服务对象的基本情况，明确服务对象的求助原因以及想解决的问题。

（2）在预估阶段，工作者通过找服务对象的相关人进一步了解人物心理、性格等方面的情况，了解服务对象的家庭环境、相关人的关系，使收集的资料更加完整。能够确定服务对象的主要问题，初步形成相应的解决方法。

（3）在计划阶段，工作者与服务对象共同制定目标和工作计划，服务对象在接受工作者建议的同时提出自己的想法和意见，服务对象自决、工作者尊重其意愿。两者共同商讨介入阶段的步骤和方法途径。

（4）在介入阶段，工作者运用较为专业的方法和技巧，与服务对象的相关人进行分别沟通，其相关人配合工作且都有所转变，服务对象丈夫了解到照顾老人的方法，帮助妻子分担；其丈夫的弟弟愿意提供经济和日常照顾的支持；其丈夫的弟媳改变固有观念，愿意给老人提供经济帮助。在与服务对象及其相关人的谈话中，工作者将准备的相关照顾老人方面的护工、养老机构的信息提供给服务对象及其家人，进行链接资源。

（5）在评估和结案阶段，服务对象将自己以及家庭的改变和近期的情况跟工作者进行分享，表示其公公已请护工进行照顾，其丈夫的弟弟和弟媳提供六分之五的经济负担，定期打电话并常到服务对象家看望爸爸，和服务对象家保持较好的关系，会定期举行家庭会议。工作者对服务对象的反馈进行了多次充分积极地肯定，并提出相应的跟进计划和对服务对象以后生活的祝福，服务对象表示赞同、支持和感谢。

工作反思

1. 对服务对象的反思

服务对象是由邻居介绍来到机构，因工作压力大和需要照顾患有阿尔茨海默症的公公感到身心俱疲而主动求助社工机构，希望工作者帮助其解决照料老人等问题。服务对象自身孝顺、有责任心，与丈夫的感情较好，积极配

表（续）

合工作者进行各项工作，在财产分配以及协调与丈夫弟弟一家人的关系中做到妥协和理解。

工作者对服务对象积极配合工作的行为表示感谢，对其自身拥有孝顺老人的传统美德表示认可，对其热爱工作、积极进取的态度表示支持。

在当今社会发展的大背景下，应该弘扬孝敬长辈的精神。但也希望女性朋友能将工作和家庭之间进行平衡，避免女性自身超负荷工作，对其身心造成负面影响。

2. 对服务对象家庭环境的反思

起初服务对象的家庭环境是相分割的状态，其丈夫的弟媳因公公对其丈夫的弟弟在从小教育方面投入较少、对哥哥偏心、封建思想不同意其丈夫的弟弟做上门女婿以及对二者婚姻心存芥蒂，从而没有承担照顾老人的相应责任，后因财产分割方面的问题，其丈夫的弟弟一家对服务对象一家有怨气且觉得分配不均而造成两家关系有隔阂。

后期进行预估了解、介入的过程，工作者重塑其家庭结构，使其丈夫的弟弟一家减少对爸爸以及服务对象家的怨气并承担对爸爸的赡养责任。

如今，各个家庭中常会出现不同程度的财产分割以及老人照顾的问题。希望家庭中的成员多沟通，相互理解，以照顾老人为重，子女理应承担赡养老人的责任和义务，同时更应促进家庭和谐。

3. 对其他服务环境的反思

在服务对象照顾老人的过程中，曾将老人送到养老院，但却因为失智老人是暴躁型以及照料困难等原因而拒收。在社工机构为服务对象链接资源的过程中发现目前我国的照料体系尚不完善，机构所在地没有一家专门收养失智老人的相关机构。并且只有10%的失智老人能够在医疗机构或养老机构中进行看护，其余均为在家照顾。

4. 对社工自身的反思

（1）专业伦理的持守。

工作者在进行服务的过程中有着对服务对象、工作机构、社会工作专业以及作为专业人员的伦理责任。工作者履行对服务对象应尽的义务，尊重服务对象，接纳其相关人（弟媳）的激动情绪。坚持价值中立的原则，真诚地对待服务对象及其相关人，不批判不指责其观点和意见。在计划过程中遵从服务对象的自我决定和知情同意，且对整个谈话过程的内容以及服务对象信息进行相对保密。

（2）专业关系的建立。

工作者深知自身在建立良好关系中重要的主导地位，和服务对象之间专业关系的建立具有明确的目的，以解决服务对象"使公公得到优质照顾"等问题为开展工作的中心。双方良好专业关系的形成为促进服务对象形成对工作者的信任提供基础，体现在服务对象的问题得到解决时反馈给工作者的信息以及表示感谢等方面。工作者在结案过程中提到专业关系的存在具有时间性，且当服务对象问题解决时专业关系也即将结束。

（3）专业技巧的运用。

在整个的服务过程的会谈中工作者运用到支持性技巧和引领性技巧。在沟通中工作者运用倾听、同感、同理心、正向的鼓励等方面的技巧促进服务对象及其相关人愿意继续表达看法和反映情况。但是在以后进行工作中工作者面对服务对象突发的情绪反应时应该做有准备并进行情绪安抚。工作者在与服务对象相关人（弟媳）的访谈中运用了感化以及忠告、建议等技巧促进其不合理信念的弱化。

（4）社会资源的利用。

工作者通过查询相关法律提供给服务对象及其相关人一些法律条文，促使其正确履行赡养老人的义务。同时给服务对象丈夫提供照顾老人、促进老人更加安全以及恢复的方法。帮助服务对象链接养老院以及护工的资源，提供相应价格、环境与照料质量的相关资源。但是工作者在以后开展工作的过程中可以运用一些社区的资源来有效地帮助服务对象解决问题、提供帮助。

（5）其他方面的反思。

工作者在介入阶段会用到一些个案和家庭的介入模式，例如理性情绪治疗模式和结构家庭治疗模式。促进服务对象相关人形成正确的信念和认知，为了使家庭之间关系缓和从而重塑家庭结构。

但工作者因经验和专业知识有限，在访谈实际进行的过程中会存在着各种问题，例如：不能够合理地处理服务对象情绪的转变；对于有些情况不能够真正地感同身受；谈话过程中出现停顿以及场面尴尬的情况。因此工作者需要更深程度地对专业知识进行学习，同时应对心理学的知识进行了解掌

表(续)

握,并不断进行实践和个案模拟,在实践中巩固知识,增强实操水平,可以进行真正的"助人自助"。

跟进服务计划

(1) 在结案后的六个月内,工作者将每隔一个月通过电话以及在这期间内进行3~4次家庭回访,了解服务对象生活压力的大小,询问当前老人是否得到优质的照顾、兄弟两家之间的情感交流等家庭情况,并做记录。如果服务对象又遇到困扰,工作者会使其家庭尽量自助解决,发挥服务对象丈夫作为长子的带头作用进行家庭会议协商,使服务对象家庭具有自主解决问题的能力。

(2) 在回访过程中,进一步核实两家人关系是否达到和睦,如有矛盾存在告知继续跟进了解并解决。

(3) 在跟进计划实施的时间段,工作者会告知服务对象本机构能链接到有关照顾失智老人的资源和相关知识,鼓励服务对象及其相关人参加关爱失智老人的社区活动,为他们在日后赡养老人的过程中提供便利条件。

社工站意见:☑批准结案 □不批准结案

签名:＿＿＿＿＿＿＿＿＿＿＿

日期:＿＿＿年＿＿＿月＿＿＿日

第七章 小组工作训练

◢◤ 第一节 小组工作训练任务书

一、实验（实训）基本信息

课程名称	小组工作训练	学　分	4
先修课程	社会工作概论、社会学概论、小组工作、个案工作、社区工作、社会调查与研究方法		
适用专业	社会工作		

二、实验（实训）的总体要求

"小组工作训练"是社会工作专业为训练学生小组工作技能设置的实习课程。在实习的过程中，学生通过小组工作方法为组员提供服务，深刻理解小组工作方法，并重点提高学生对小组工作方法的理解和应用。通过具体小组工作实务操作，利用小组工作为组员提供服务，改善组员的态度和行为，激发组员的能力和潜能，提升他们的社会功能性。使本专业学生体会小组工作方法的价值、伦理原则、方法和技巧，深刻体会小组工作的过程。

三、课程实验（实训）任务

实训项目 1：学生随机分成 10 组，开展实习动员

将班级学生通过抽签的形式随机分成 10 组，每组选择一名学生作为组长。5 名指导教师通过抽签的形式，每位教师抽取 2 个小组。教师开展实习动员，讲解实习各项要求与规定。

实训项目 2：查找资料，确定小组主题

各小组广泛阅读文献，结合自己的兴趣与实习经历，确定小组主题选择范

围，与指导教师协商，确定小组主题。

实训项目 3：各小组进行需求评估

各小组根据小组主题，通过问卷与访谈法进行需求评估。

实训项目 4：各小组撰写小组计划书

基于需求评估的结果，撰写小组计划书。各小组按照小组计划书模板，撰写小组计划书，在规定时间内提交给各组指导教师，并且根据指导教师的意见进行修改。

实训项目 5：小组活动宣传与招募组员

在校园范围内，各小组制作宣传海报，招募组员。各小组通过线上+线下的方式，招募 8~10 名组员。

实训项目 6：开展小组活动

各小组按照小组计划书开展 6 次小组活动，每次小组活动时长 45~60 分钟，小组活动结束后撰写小组简报。

实训项目 7：小组活动总结与评估

对整个小组活动进行总结与评估。各小组对小组活动进行结果与小组满意度评估，撰写小组评估报告。

四、实验（实训）的考核方式

小组工作训练总计 100 分，最后成绩按优、良、中、及格、不及格五个等级评定。90 分及以上为优秀，80~89 分为良好，70~79 分为中等，60~69 分为及格，59 分及以下为不及格。

平时成绩构成要素		所占比例	设置目标和效果
实习纪律		10%	约束和考核学生出勤状况，设置最低出勤标准
实习态度		10%	鼓励学生积极思考问题、参与教学实践互动，以及提出问题、创造性地解决问题
团队成绩	小组实习实施过程	40%	小组实习过程中，成员配合情况、小组目标实现情况、小组技巧使用情况
	小组工作实习材料	40%	小组简报、小组计划书、小组评估报告的格式、结构、内容与反思情况

第二节 小组工作训练考核方案

小组工作训练课程考核改革方案

课程名称：小组工作训练

课程性质：□理论（含理实一体化课程）

☑实践（含实验、集中实训及其他实践教学课程）

适用对象：社会工作专业

学　　时：88

学　　分：4

一、考核内容

小组工作训练将学生分为 10 组，每组 4~5 人，在校园内面对不同类别的学生开展不同主题的小组活动，实习内容主要包括需求评估、选定小组主题、设计小组计划书、招募组员、按照计划书开展 6 次小组活动、小组结果评估测量等。每个小组工作操作流程，都需要团队全体成员的积极参与，共同提升小组工作实务能力。

（1）通过问卷或访谈，对在校大学生进行需求评估。

（2）根据需求评估结果，选定小组主题。

（3）制定小组目标，设计小组计划书，包括小组理念与理论框架、6 次小组活动、人员与物质安排、评估方案。

（4）设计招募海报，招募 6~8 名组员。

（5）按照计划书开展 6 次小组活动。

（6）根据小组活动开展情况，进行小组结果评估测量。

二、成绩构成要素及评分标准

1. 课程成绩构成结构及比例

课程成绩构成为总成绩（100 分）= 实习纪律、态度（10 分）+小组工作实习实施考核（40 分）+小组工作训练材料考核（50 分）

2. 各构成评价的基本要素

小组工作实习纪律、态度＝实习纪律（5分）＋实习态度（5分）

小组工作实习实施考核＝小组活动开展情况（10分）＋小组成员参与情况（10分）＋小组领导技巧使用情况（10分）＋小组活动目标实现情况（10分）

小组工作实习材料考核＝计划书（10分）＋小组简报（30分）（共计6次简报，每次5分）＋评估报告（10分）

实习成绩为等级制，可划分优、良、中、及格、不及格五个级别。（90~100分为优，80~89分为良，70~79分为中，60~69分为及格，60分以下为不及格）

3. 各基本要素的评价标准

各组指导教师参照评价标准，给每名同学打分，每名同学的实习表现都会影响得分，同时小组的整体表现也会影响每个小组的整体得分以及个人得分。小组工作实习材料在考核原则上每组组员的分数相同，具体评分标准如下表所示。

小组工作实习各要素评价标准

考核项目		主要观测点	评分标准	分值
实习纪律与态度（10分）	实习纪律（5分）	实习期间是否遵守规章制度，有无无故缺席、迟到、早退现象	实习共考勤10次，每次0.5分，缺勤1次扣0.5分；迟到1次扣0.5分；早退1次扣0.5分；事假1次扣0.5分；病假不扣分	5
	实习态度（5分）	学习态度是否端正、认真，实务过程中是否积极思考，虚心好学	态度端正、积极思考、遵守规定	5
			态度较端正、能够思考、较遵守规定	4
			态度基本端正、能够思考、基本遵守规定	3
			态度不端正、不进行思考、不遵守规定	2~1
小组工作实施（40分）	小组活动开展情况（10分）	小组活动是否能够按照小组计划书有序开展	小组活动按照小组计划书顺利开展	10~9
			小组活动基本上符合小组计划书	8~6
			小组活动不符合小组计划书	5~4
			小组活动开展混乱	3~1
	小组成员参与情况（10分）	小组成员是否积极参与到小组活动中	小组成员能够积极参与小组活动	10~9
			大部分小组成员能够参与小组活动	8~6
			个别小组成员拒绝参与小组活动	5~4
			小组成员全部拒绝参与小组活动	3~1

表（续）

考核项目		主要观测点	评分标准	分值
小组工作实施40（分）	小组领导技巧使用情况（10分）	小组领导者在小组活动中是否能够很好地使用小组工作技巧	小组领导者可以很好地使用小组工作技巧	10~9
			小组领导者可以使用基本小组工作技巧	8~6
			小组领导者对于小组工作技巧使用不恰当	5~4
			小组领导者在活动中没有使用小组工作技巧	3~1
	小组活动目标实现情况（10分）	小组活动是否能够实现小组目标	小组活动完全实现小组目标	10~9
			小组活动较好实现小组目标	8~6
			小组活动基本实现小组目标	5~4
			小组活动不能很好地实现小组目标	3~1
小组工作实习材料（50分）	计划书（10分）	格式规范，理念与理论阐述清楚，小组目标与活动设计合理	格式规范、理念与理论阐述清楚、小组目标与活动设计合理	10~9
			格式较规范、理念与理论阐述较清楚、小组目标与活动设计较合理	8~6
			格式不规范、理念与理论阐述不清楚、小组目标与活动设计不合理	5~4
			格式错误多、理念与理论阐述混乱、小组目标与活动设计和小组主题不符	3~1
	小组简报（30分）	第一次小组简报（5分）	格式规范、描述具体、反思深刻、小组掠影清晰	5
			格式较规范、描述较具体、反思较深刻、小组掠影较清晰	4
			格式基本规范、描述基本具体、反思基本深刻、小组掠影基本清晰	3
			格式不规范、描述不具体、缺少反思、小组掠影不清晰	2~1
		第二次小组简报（5分）	格式规范、描述具体、反思深刻、小组掠影清晰	5
			格式较规范、描述较具体、反思较深刻、小组掠影较清晰	4
			格式基本规范、描述基本具体、反思基本深刻、小组掠影基本清晰	3
			格式不规范、描述不具体、缺少反思、小组掠影不清晰	2~1

表(续)

考核项目	主要观测点	评分标准	分值
小组工作实习材料(50分)	第三次小组简报(5分)	格式规范、描述具体、反思深刻、小组掠影清晰	5
		格式较规范、描述较具体、反思较深刻、小组掠影较清晰	4
		格式基本规范、描述基本具体、反思基本深刻、小组掠影基本清晰	3
		格式不规范、描述不具体、缺少反思、小组掠影不清晰	2~1
	第四次小组简报(5分)	格式规范、描述具体、反思深刻、小组掠影清晰	5
		格式较规范、描述较具体、反思较深刻、小组掠影较清晰	4
		格式基本规范、描述基本具体、反思基本深刻、小组掠影基本清晰	3
		格式不规范、描述不具体、缺少反思、小组掠影不清晰	2~1
	第五次小组简报(5分)	格式规范、描述具体、反思深刻、小组掠影清晰	5
		格式较规范、描述较具体、反思较深刻、小组掠影较清晰	4
		格式基本规范、描述基本具体、反思基本深刻、小组掠影基本清晰	3
		格式不规范、描述不具体、缺少反思、小组掠影不清晰	2~1
	第六次小组简报(5分)	格式规范、描述具体、反思深刻、小组掠影清晰	5
		格式较规范、描述较具体、反思较深刻、小组掠影较清晰	4
		格式基本规范、描述基本具体、反思基本深刻、小组掠影基本清晰	3
		格式不规范、描述不具体、缺少反思、小组掠影不清晰	2~1

表（续）

考核项目	主要观测点	评分标准	分值
小组工作实习材料（50分）	评估报告（10分） 格式规范，小组改变状况分析全面，工作者专业反思深刻	格式规范，小组改变状况分析全面，工作者专业反思深刻	10~9
		格式较规范，小组改变状况分析较全面，工作者专业反思较深刻	8~6
		格式基本规范，小组改变状况分析基本全面，工作者专业反思基本深刻	5~4
		格式存在问题，小组改变状况分析不全面，工作者缺少专业反思	3~1

三、考核过程

（一）考核方式
考核方式为实际操作和实习材料相结合。

（二）考核组织形式
考核组织形式为分组开展 6 次小组活动，指导教师通过观看小组活动实习情况，给小组组员以及整个小组打分，同时对小组工作计划书、6 次活动小组简报、评估报告等实习材料的完成质量打分。

第三节 小组工作训练案例

一、小组计划书

小组计划书

小组名称："疫"起行动——封校期间大学生行动力提升小组

导师：××

组员：××× ××× ××× ××× ××× ××× ×××

理念

每个人在成长的道路上或者是生活中都会遇到挫折，然而最可怕的不是坚持不下去，而是怀疑自己，认为自己一无是处，因为一时受挫，对自己的能力产生怀疑，进而形成"我什么都做不好，我根本就没有行动力"这样的观点。

那么想要改变这种状态最好的办法就是提升自己的行动力，只有合理地制定目标和计划，不断锻炼自己，提升自己，乐观地面对困难与挫折，相信自己能够战胜这些困难，才能给自己加油打气，从而一步一步走向成功。何谓行动力？行动力是指愿意不断地学习、思考，养成习惯和动机，进而获得导致成功结果的行为能力。它强调具备超强的自制力，同时能够去突破自己，实现自己想做而又不敢做的事，制订计划就下定决心一定要去实现。

新冠肺炎疫情已经持续好几年了，在这个大背景下全国大部分高校都采取了封校的措施来避免疫情在大学生群体的肆意传播，那么在封校的状态下，学生是否能够自律，自己督促自己，提升行动力，这个问题引起了很多人的共鸣。行动力对每个人来说都很重要，只有自己拥有了行动力，整个人才会发挥价值与作用，这不仅有助于提升自我认同感，也有助于发现自己身上的闪光点。作为时代新青年的大学生是国家未来发展的中坚力量，所以养成良好的习惯、提升行动力对我国实现中国特色社会主义的伟大胜利起着至关重要的作用。

根据工作者前期所做的问卷调查显示，认为封校期间对自己学习、生活以及其他各方面行动力的影响非常大的学生所占的比例达到了 56%，其中有 72% 的同学觉得自己思考一件事情很久但却未付出行动。尤其可见大学生的行动力并不强，甚至大部分人在封校时期不制订计划，无限地自我放松，我们不仅发放问卷还找了几个大学生做了访谈，普遍都觉得自己在没人监督、没人帮助的情况下会放纵自己，随波逐流，自身会定一下口头的计划，却没有行动。究竟是什么影响了自身的行动力呢？根据调查结果显示，将近 54% 的学生是因为动机、自律性不强、习惯于拖延，也有 44% 的学生认为是自己的目标不明确，没有找到正确而有理性的目标。在最后的开放性问题中，我们发现超过半数以上的学生都希望找到适合自己的明确目标，提高自律性，多多培养兴趣爱好，给自己制订计划并定期检验，以此来不断充实自己的大学四年生活，不断使自己奋进向上。

选择以"'疫'起行动——封校期间大学生行动力提升"为主题开展小组工作，是小组组员想通过小组活动提升自己在学习、生活、人际交往以及其他各方面的行动力。无论是在哪个方面都要促使组员学会自己给自己定目标，做好在自己能力范围之内的规划，并使自己的行动不断向着这个目标和规划前进，从而提升自己的行动力，这不仅能够提升组员自身的价值，也为组员之后人生的道路奠定了良好的基础。工作者还要帮助组员在活动中正确地认识自己，在明确自己优点的同时也要清楚地知道自己的不足，学会在没人督促的情况下养成各方面自律的好习惯。在小组活动开展的过程中，工作者还希望组员能够提升人际交往和沟通的能力，形成良好的小组氛围，促使组员互相帮助、互相温暖。

理论框架

1. 认知行为理论

认知行为理论是一组通过改变思维、信念和行为的方法来改变不良认知，它是认知理论和行为理论的整合，是对认知理论和行为理论所存在缺陷的一种批评和发展，但是却不是简单地相加，或者拼凑。认知行为理论尊重个人的自主决定和信念，主张个人知识经验的形成是积极主动的，个人的认知和生活形态是通过正确解读外在环境事件的意义，有效地自我调适来建构和调节的。在我们的小组活动中，社会工作者会帮助小组成员改变一些错误的认知，建立正确的认知，从而形成他们对行动力提升的意识。认知行为学派认为，帮助服务对象的关键是协助他自助、自立，使其能够在正确认知的基础上成为自己的咨询者和帮助者，以达到调节和控制自己的情绪和行为的效果。小组活动中，我们会运用到这个理论，可以在正确认知的基础上与组员建立良好的专业关系，并鼓励组员形成积极的态度，以实现助人和自助的目标，并且可以帮助组员改变错误的认知或不切实际的期待以及其他偏颇和不理性的想法，修正不理性的自我对话，加强解决问题和制定决策的能力，并最终使他们形成能够加强自我控制和自我管理的能力。

2. 班杜拉的社会学习理论

社会学习理论认为，人的社会行为是通过观察学习获得的，通过观察别人的行为即可学习和获得这种新的行为和反应方式。在小组工作过程中，每个成员都是一个资源库，他们会在小组中真实地表现出各种适应性和非适应性的行为，分享各自的想法、经验、感受，为每个组员提供学习的榜样，或者前车之鉴。同时，在学习过程中，认知也是非常重要的，没有认知能力的支持，观察学习是不可能出现的。通过观察人的行为并进行整理和吸收，将这些信息储存起来，以备将来对该行为的模仿。在小组活动的进行中组员与组员之间、工作者与组员之间通过交流、沟通与合作，相互影响，相互学习，达到共同成长的目的。

3. 小组动力学理论

"小组动力"是美国心理学家勒温在 1944 年发表的论述社会心理学的理论与实践之间的关系的论文中提出的，描述在小组实现目标的过程中，参与小组生命发展的各种复杂力量以及交互作用和交互方式。社会工作者将运用小组动力，在小组中促进大学生在生活中和学习中的个人发展，了解有关提升大学生行动力的技巧与方法及小组目标最终的达成。根据艾丽思和费希提出的小组动力模型，我们可以了解到在"输入因素"——个人方面与小组的结构后，通过"过程因素"中小组程序、沟通模式、工作与参与的过程后，最终会形成"输出结果"——成员满意度、问题解决、新生活技巧的形成等结果，在了解这些会影响小组进程的综合力量后，才能使我们的小组工作更有效。

小组目标

1. 整体目标

在因新冠肺炎疫情封校的大环境下，促进组员有效利用时间，合理安排学习和生活进程，提升其行动的主动性，树立自信并坚守自己的目标。明白行动力在学习和生活中的重要性，推动行动力。组员之间相互监督合作，促其达成行动力的短期目标和长期目标并为之努力。

2. 具体目标

（1）通过游戏使组员更加了解自己，以自身出发体会生活中行动力的重要性以及如何提升生活中的行动力，分析其自身不能合理安排事情、行动力低的原因。

（2）引导大学生提升行动力，拓宽其解决问题的思路，提高其面对生活的行动力。

（3）帮助组员制订适合自己的目标，让组员明确大学期间的学习方向，并最终制定适合自己的学习目标。

（4）让组员能合理地规划时间，在有效的时间里更好地做事情，感受时间的重要性，建立时间管理意识。

服务对象

（1）资格：大连科技学院大一年级新生。

（2）特点：希望能够在新冠肺炎疫情封校期间合理安排自己的学习和生活，渴望摆脱行动力不足的困扰，期望提升自己的行动力来以此提高自己。

小组特征

（1）性质：行动力提升小组。

（2）节数：6 节。

（3）日期：2021 年 12 月 9 日—2021 年 12 月 24 日。

（4）时间：根据组员课程和空余时间，时间定于 2021 年 12 月 9 日、12 月 12 日、12 月 15 日、12 月 19 日、12 月 22 日、12 月 24 日。

（5）地点：大连科技学院社会工作实验室和操场。

（6）人数：16 人。

招募方法

（1）利用 QQ 群、微信等进行线上宣传和招募。（主要方法）

（2）工作者细心地观察身边想参与此小组活动的大一学生。

（3）在学校内进行线下招募。

每节活动计划

第一次小组活动（例）

日期：2021 年 12 月 9 日（星期四）

时间：15：10—16：20

目标：通过自我介绍以及游戏互动增进小组中组员与组员、组员与工作者之间的相互认识，相互沟通交流，形成良好的工作关系，帮助组员对行动力有一定的自我认知，促使组员初步了解小组主题并共同制定小组契约。

个别活动时间	地点	目标	内容	所需物资
7 分钟	大连科技学院社会工作实验室 E607	通过互动的方式增进组员对工作者的认识并打破初次参加小组活动而产生紧张的心理状态	（1）工作者依次进行自我介绍，介绍的内容包括名字、家乡、兴趣爱好，并把自己的名字写到黑板上 （2）向组员说明工作者在本次小组中的作用，以及在活动中所扮演的角色，促进组员对工作者具体的了解	黑色签字笔、白板

表（续）

个别活动时间	地点	目标	内容	所需物资
7分钟	大连科技学院社会工作实验室E607	通过小组成员自我介绍的方式促使组员与组员之间的相互认识，在此过程中也加深了工作者对每名组员基本信息的了解，并通过用一句话描述自己以及送给自己一句话的方式使组员对自己有一个清晰的认知，便于接下来几次小组活动的开展	（1）给组员30秒的时间，让组员想出令人印象最深的介绍方式；依次进行自我介绍，包括自己的姓名、兴趣爱好 （2）给组员1分钟的时间来思考描述自己的一句话：这句话里面要包括自己的性格、优点和不足（优点和不足哪些方面都可以，不局限），比如说我是一个温柔而善良但缺乏耐心的大美女。 送给自己的一句话：不局限，什么方面都可以，比如说我想在未来的生活中好好热爱生活，爱自己	
18分钟		小组成员通过一起做游戏的方式打消彼此之间的陌生感，促进与其他组员的交流互动	女明星男明星抢数报名游戏。第一轮所有人围绕着坐一圈，每个人给自己设想一位明星，并轮流说出自己扮演明星的名字，说完开始后，所有人按照1~10的顺序去抢着报数，每个人只能抢一次，抢到相同数字的人则迅速说出对方代表的明星的名字，答对有奖励，答错了有惩罚哟！第二轮要在名字后面加上自己随意想的一个地名，第三轮再在后面加上自己爱吃的水果。一共三轮游戏，通过这个游戏可以活跃小组之间的气氛，拉近彼此之间的感情	

表（续）

个别活动时间	地点	目标	内容	所需物资
18分钟	大连科技学院社会工作实验室E607	进行主题游戏，邀请组员评估自己的行动力，促使组员了解小组活动的主题以及活动的内容	（1）自我评估行动力：给每名组员发放行动力测试题，答完之后邀请每名组员来分享一下对自己行动力方面的看法，可以包括自己行动力的优点和不足等，主要是为了促使组员对自己行动力方面有一个全面的认知和了解 （2）"行动力upup"小活动。这个活动分两个模块，第一个模块是邀请组员写出短期给自己制定的计划与目标，比如说在下次活动之前我每天坚持早上七点起床，每天给自己做的计划都完成了，等等，下期活动之前来检验一下是否完成了给自己制定的计划和目标。第二个模块是邀请组员仔细思考一下，自己对自己行动力提升方面的期望以及给自己长期制定的计划和目标，并写出来，由工作者保存，直到最后一次小组活动时返还给组员，让组员自己了解在本次活动中自己是否通过提升行动力而完成了这些计划和目标	白纸、黑色签字笔
10分钟		共同订立小组契约，提升小组成员的归属感和凝聚力，并且更好地承担自己的责任	工作者与组员共同协商订立小组规范（主要包括自己对小组的期待并邀请每名组员写出一条对小组的期待和规范）	卡纸2张、彩笔10个

表（续）

个别活动时间	地点	目标	内容	所需物资
10分钟	大连科技学院社会工作实验室E607	本期活动的最后时间用来邀请组员表达自己的想法，有助于工作者更好地了解组员的感受，并根据组员的想法和需求不断完善活动计划，使工作者更好地为组员提供服务，以及为接下来活动顺利开展奠定基础	（1）工作者进行本期活动总结 （2）组员轮流说出自己参与第一次活动的感受和想法，以及想在接下来的活动中有哪些收获，对小组有哪些建议	

所需资源

1. 人手

组内 6 名工作者

2. 财政预算

物品	价格	备注
笔记本 10 个	82 元	8.2 元/个
0.5 毫米黑色签字笔 16 支	32 元	2 元/支
奖品（涂卡笔、信封、日历、袋子）	173.5 元	12.4 元/份
小组主题海报及活动材料打印费	35 元	
零食若干	50 元	10 元/包
白纸	10 元	0.1/张
总计	382.5 元	

3. 物资

物品名称	数量	物资使用的时间
黑色签字笔	10 支	
白板	10 张	
测评量表	10 个	第一次活动游戏环节
零食、小礼品	若干	
卡纸	1 张	第一次活动制定小组契约环节
彩色笔	1 盒	

表（续）

物品名称	数量	物资使用的时间
白纸	10 张	第二次活动游戏环节
黑色签字笔	10 支	
塑料小球	若干	
筷子	2 双	
勺子	2 个	
乒乓球拍	一副	
A4 纸	4 张	
零食、小礼品	若干	
小球	5 个	第三次活动水到渠成游戏环节
零食、小礼品	若干	
PVC 管	10 根	
白纸	10 张	第三次活动分享环节
黑色签字笔	10 支	
剪刀	4 把	第四次活动游戏环节
报纸	若干	
胶带	3 卷	
零食、小礼品	若干	
白纸	10 张	第四次活动分享环节
黑色签字笔	10 支	
吸铁石	6 个	第五次活动游戏环节
记号笔	1 支	
长条纸	10 条	第五次活动分享环节
圆形纸	10 张	
黑色签字笔	10 支	
白纸	10 张	
VCR	1 个	第六次活动中的"感受行动的力量"
测评量表	1 个	
制作好的视频	1 个	第六次活动回顾环节
满意度意见表、结果评估调查问卷	两个二维码	第六次活动反馈环节

表（续）

物品名称	数量	物资使用的时间
小奖品（信、涂卡笔套装、棒棒糖、包装袋）	10 份	第六次活动总结环节
零食	若干	
海报	2 张	每次活动
笔记本电脑	1 台	
小组契约	1 个	

工作日程

日期	任务
2021 年 11 月 19 日—2021 年 11 月 21 日	通过线上和线下的宣传、张贴海报等形式进行组员的招募
2021 年 11 月 21 日—2021 年 11 月 27 日	填调查问卷，进行关于行动力提升的需求评估；与招募到的组员沟通交流
2021 年 11 月 27 日—2021 年 12 月 9 日	制订小组活动计划书，准备小组所需物资
2021 年 12 月 9 日—2021 年 12 月 24 日	开展小组活动
2021 年 12 月 24 日—之后	总结小组活动，进行评估和跟进组员改变情况

预计困难与应变方法

预计困难	应变方法
小组活动期间疫情严重，无法在线下开展小组活动	安抚组员情绪，开展线上小组活动，调整小组活动安排以及不适合线上的内容
小组活动期间出现尴尬情况	（1）工作者对每一次活动进行模拟和预演 （2）现场随机应变，保证活动顺利进行
小组活动期间组员出现冲突和矛盾	（1）制定好小组规范和小组契约并督促严格执行 （2）提醒小组组员保持对整体目标的意识 （3）适当控制小组进程，引导组员通过良好互动实现小组目标

表（续）

预计困难	应变方法
小组活动时组员缺席	（1）调整好活动时间，尽量保证每一次活动组员都能够到齐 （2）保证活动的趣味性，保证组员每一次活动都有所收获
小组活动游戏过程发生危险	（1）不设置危险性游戏，做好防护措施 （2）设置的游戏，工作者在开展小组前多次演练

评估方法

（1）需求评估：小组活动前期发放问卷，了解组员需求。

（2）过程评估：在第五次小组活动为小组成员布置作业，并验收学习成果。

（3）结果评估：通过前测和后测，填写行动力量表，来检验组员行动力是否得到提升。

（4）根据小组成员的出勤率和投入程度进行评估。

（5）工作者对小组成员参与活动的过程进行观察和分析。

（6）工作者通过成员每一次活动和最后一次活动的感受和收获进行总结评估。

（7）问卷评估：在小组最后一次小组活动让组员填写满意度调查问卷。

二、小组简报

"疫"起行动——封校期间大学生行动力提升小组第三次活动简报（例）

活动地点：大连科技学院 E 座 607 教室

活动具体内容

1. 对小组成员的到来表示欢迎并回顾上一次小组活动

在小组开始之初，作为本期的主要负责人进行了自我介绍并对来到本次小组活动的组员表示欢迎，作为主要工作者先对组员进行引导，让小组成员回忆一下上一次小组活动的内容，小组成员回忆完毕，以上一次小组活动为引入，以此来介绍本次的小组活动。

2. 对本次小组活动进行目标预告

通过回顾上一次小组活动的内容，讲述本次小组活动的具体目标，主要为引导大学生提升行动力，以及大学生拓宽解决问题的思路，提高其面对生活中行动力的主动性。让小组组员了解到本次活动的具体目标，以便接下来小组活动的开展。

3. 热身游戏——水到渠成

在前期准备活动结束之后，我们进入了热身游戏，热身游戏主要的目的就是以此来烘托小组活动的气氛，让小组成员之间更好地快速地融入小组活动之中，规则讲解完毕之后，先由工作者为小组成员发放 A，B 分组的抽签，并演示热身游戏的具体玩法，演示完毕为组员发放 PVC 管，组员开始正式热身游戏。游戏分为三轮，三局两胜。在整个游戏过程中工作者看到了组员之间的协调配合以及整个过程中大家玩得都很激动快乐，在热身游戏结束之后工作者为获胜组发放奖品。同时有的组员表示这个游戏非常欢乐并考验了组员之间的协调配合以及行动敏捷度。由此可以看出小组成员大部分已经快速地融入了小组活动之中。

4. 主题游戏——拍卖会

热身游戏结束之后，小组成员已经能够融入活动之中，为此展开了主题游戏——拍卖会。首先由工作者来为小组成员讲解拍卖会规则，同时工作者为大家发放拍卖游戏中所需要的物品。发放完毕后，先让小组成员在纸上写下自己最想拍下来的物品，由工作者进行收取，拍卖结束之后再进行发放。拍卖会正式开始，整个过程大家都很积极，参与竞拍每一件物品。拍卖结束之后小组成员分享了此次拍卖会的感受，有的组员表示自己并没有拍到自己想要的物品，有的表示自己行动力上还存在着些许不足，有的组员表示因为自己一直想再等等而错失了自己最想要的东西，导致什么都没有拍到，小组成员大多都勇于发言，对自己的行动力表示想得到进一步提升。

5. 提升行动力主动性小技巧讲解

针对主题游戏发现的问题，工作者进行行动力主动性方面的讲解，共有 4 个技巧，分别为清晰的自我意识、追逐目标的野心、拥有使命感和具有自我掌控能力。在整个讲解的过程中工作者发现大家都在频频点头，也都听得很认真。有的组员表示非常实用，并且表示在今后的生活和学习上都会加以运用。

6. 主题游戏——拍卖会

与上一次的拍卖会主题游戏进行对照，规则同上一次拍卖会一样，先由工作者为大家发放本轮游戏所需要的物品，发放完毕。先让小组成员在纸上写下对拍卖会清单的物品进行顺序排列，从最想要的物品依次排开，然后工作者对此进行收取，本轮拍卖结束之后由工作者进行发放。拍卖会正式开始，在此轮拍卖会中很明显大家都在为了想要得到自己想要的东西而努力，没有像第一次拍卖会那样随便喊价。拍卖结束之后小组成员分享了自己所得到的东西，同时通过运用讲解过的技巧所得到的东西都在自己排序的前几个，并表示与上一次相比，自己进步了很多，也明白了主动性的重要性和在自己今后的生活中也会多加运用这 4 个技巧。

7. 活动总结与分享

作为工作者首先请小组活动中的每一名组员分享一下本次小组活动都有什么收获，都得到了什么样的知识。有的组员表示在热身活动中成员的气氛都很好，自己也非常喜欢大家在一起参与活动。有的组员表示在主题游戏中通过自己的主动性得到了自己想要的东西，明白了想要什么东西都要积极地去争取，没有什么比得不到更为遗憾。有的组员表示今天很开心，学到了提升行动力主动性的 4 个技巧并且在今后的生活中也会多加运用。在组员分享本次小组活动收获之后，作为工作者预告了下一次的小组活动，并期待小组成员下次的到来。

工作者反思

我作为第三次的小组活动负责人，主要负责整场活动的内容安排、游戏设计、小组活动如何开展以及第三次活动所需物品的准备工作。第三次小组活动主要围绕提升行动力主动性这一方面。在小组活动正式开始之前，我们首先于上午 11 点在社会工作实验室针对第三次小组活动进行了模拟，以便接下来的小组活动顺利进行。通过模拟发现，真正在进行热身游戏时时间过少，由此我们以原来一轮游戏定胜负改为三局两胜，并讨论出让小组成员在正式热身游戏之前给予部分时间自己模拟一遍，并且通过工作者进行演示，从而可以更好地熟悉热身游戏，快速融入小组活动之中。同时针对在拍卖会上只举手看不出来的问题进行了探讨，之后决定发放 PVC 管，让小组组员举 PVC 管来代替举手，这样以便工作者更为明显地发现小组组员。并且对于整个流程进行了演示，从回顾上一次小组活动到本次的收获。在模拟过程中存在着一些卡壳，但是通过过后的多加熟悉，在正式小组活动之时则没有卡壳。通过中午的模拟，小组工作者对本次流程更为熟悉，在接下来的正式小组活动中也配合得非常默契。

在正式开始活动之前，工作者还存在着担心，怕此次的小组活动会不会存在卡壳的现象，会不会在小组活动进行中不流畅，但是在真正开展小组活动时，这些问题并没有存在，整体上来说此次小组活动进行得比较顺利。在刚开始回顾上一次小组活动中，工作者略有一些小紧张，心跳加速，但是通过调节呼吸从而使紧张感消失，使小组活动能够顺利地进行。

在热身游戏进行中，通过刚刚模拟出来的三局两胜，时间恰好在 10 分钟左右，时间把握得非常好，小组组员也玩得非常尽兴，有的组员表示玩得非常开心，这也就达到了热身游戏的目的——使小组成员快速融入小组活动之中。

在主题游戏活动进行中，工作者有些笑场，不能够很好地控制自己的情绪，但能够及时调整，继续接下来的小组活动，使之顺利进行。同时其他工作者也能够很好地配合我的小组活动。同时设置对照组，与前一次的拍卖会进行对比。充分了解技巧的运用，工作者认为这一点设置得非常好，这样不仅可以让组员对刚刚讲解的技巧有初步掌握，而且还可以增加运用的熟悉度，对行动力主动性有了更深一步的认识、了解。

技巧讲解过程中，较模拟之前担心的卡壳问题在这里并没有出现，讲解得很顺利。同时小组组员在听的过程中也听得非常仔细，并且表示在今后的生活和学习中也会多加运用。

在此，工作者带领的第三次小组活动就告一段落了，通过本次的小组活动让工作者在有关社会工作专业的学习中有了更进一步的认识，同时丰富了经验。虽然第一次作为主要负责人带领小组活动，会有一些紧张，但是在以后的小组活动中相比于第一次的活动会好很多。同时对小组活动的流程也更加熟悉。虽然此次小组活动整体来说目标基本达成，但是工作者在此次小组活动结束之后更加完善自己，巩固自己的专业知识，提升自己的能力，以此来展示出更好的自己。

小组活动掠影

1. 热身游戏——水到渠成环节

2. 提升行动力主动性技巧讲解

三、小组工作结果评估报告

小组工作结果评估报告（用于小组结束阶段）

小组名称	"疫"起行动——封校期间大学生行动力提升小组		
起止时间	2021.11.22—2021.12.24	单元次数	6

小组改变

通过六次小组活动，小组的气氛越来越好了，组员从最开始的陌生拘谨到最后的相互之间聊得很好，组员之间有很好的互动，相互之间开玩笑，对小组活动越来越投入，且对待小组活动积极而认真，小组动力慢慢形成。通过在小组活动过程中的观察以及小组成员的自我表述，组员之间的凝聚力和团结协作能力逐渐提升了，而且每一次小组活动目标的实现程度也完成得很好，小组成员之间的关系更进了一步，小组整体上是团结、积极、活跃的。

在工作者方面，通过这六次小组的配合，大家在工作之间越来越有默契，彼此之间相互配合，各司其职，在其他工作者出现错误时，能够及时地提醒和提供帮助。每一次小组活动的摄影、照相、发放道具等，大家都可以及时地找到自己的定位。最重要的是，工作者对于每一次小组活动的流程越来越熟悉。工作者对于组员也能够慢慢地叫上来名字，与组员之间相互熟悉起来。

1. 小组状况及分析

在小组目标的实现上，通过前测后测，填写行动力测量量表的时候，每个人的行动力都有所提升，有的提升一小步，有的提升了一大步。每一次小组活动会为组员分享一些提升行动力的小技巧，会让组员订立一些小目标，来看目标的达成程度，目标的实现程度有所提升，总的来说，组员的行动力有所提升。

从整体来看，经过六次小组活动，每一次的小组目标实现程度都在提升，促成了总目标的达成，组员的行动力提升了。

2. 小组成员改善状况及原因（建议同时加上量化数据）

改善状况：通过六次小组活动，10 名小组成员由最初的陌生到最后熟悉，小组成员之间也逐渐有了一些默契，通过一些小组游戏不仅提高了大家的行动力，还逐渐提高了小组成员间的团结协作能力。通过对比第一次与最后一次的"行动力测评量表"，我们能够发现在 10 名小组成员中，有 8 名成员行动力测评分数有所提高,最大增值为 7 分,最小增值为 1 分。

原因:通过六次小组活动的开展,对小组成员进行思想、行为上的干预,起到了很好的作用,使小组成员在参与小组活动时,潜移默化地出现了行动力提升的转变,使小组成员学会从做计划、运用小技巧等各个方面提升自己的行动力,使他们了解了行动力究竟是什么、自己因为什么不能提升行动力以及如何提升行动力等问题。

3. 小组成员参与和投入状况及原因(建议同时加上量化数据)

参与状况:通过小组成员参与每次小组活动的状况可以看出,大家对于大学生行动力提升的主题都比较感兴趣,大多数小组成员都能积极地参与到小组活动中,只有一名小组成员因为有事请假一次,其他小组成员都能积极并按时来参加小组活动,没有无故缺勤和迟到的现象发生。

投入状况:总体来说,在此次小组活动中,小组成员投入状态都比较好。在前期的小组活动中,由于小组成员还不熟悉,小组活动的氛围会有一些冷清,小组成员会出现发言较少、不会主动发言等一些情况。在小组活动的中期,在小组游戏的基础上,通过大家不断团结协作完成任务,小组成员之间逐渐熟悉,在发言阶段,小组氛围会变得更加活跃,小组成员的发言内容也逐渐丰富,大家谈论的话题也变得更多了。在小组活动的后期,小组成员都能够全身心地投入到小组活动中,在讨论分享阶段能够不断与工作者和其他组员进行沟通交流,大家的相处模式是比较轻松愉悦的。

4. 小组凝聚力/压力状况及原因

在小组活动开展之前,每一名小组成员之前还存在着一些陌生,不能够很好地融入到一起。但是通过一次一次的活动,小组中的每一名成员从陌生到熟悉,彼此之间也能够很好地联系在一起,打成一片。随着活动目标的达成,小组成员从一开始对为期六次的小组活动不知道干什么,到最后知道干什么并且提升了不少,这一点通过量表就可以很好地体现出来。

原因:在小组活动正式开始之前大家只是对小组活动有一个模糊的概念,只知道来这里是玩游戏的,同时小组成员也没能够及时地树立好目标,小组成员存在着迷茫。同时,在小组活动过程中,作为工作者,应该根据具体情况具体分析,尊重每一名组员,让组员在小组活动中充分发挥自己的价值所在,帮助其充分认可自己,从而更好地推动小组活动的完美收官。

表（续）

5. 小组发展阶段状况及原因

第一次小组活动

状况：在游戏环节，给组员回顾其他组员名字的时间有些短，且彼此之间还存在着一些陌生感，有些组员不能够及时叫出彼此名字，以致在游戏环节中被淘汰。在订立小组契约的时候，没有发挥到小组契约应有的作用，没有给大家讨论的时间，而是直接让小组组员写到白板上。但是整体来说第一次小组活动还是很不错的，成员之间也渐渐地熟悉起来。

原因：可能是第一次小组活动，组员之前还存在着一些陌生感，彼此之间并不是非常熟悉。同时小组契约虽说直接让组员写到白板上，但是之后问组员都很认同。在工作者的帮助下，大家也对小组活动有了初步的了解，第一次小组活动目标顺利达成。

第二次小组活动

状况：本次活动通过热身活动"交头接耳"顺利开展，但在开展中一部分组员出现了偷听的现象，所以作为工作者加强了"巡逻"，防止该现象再次出现。在趣味接力赛中，应该重新分组，以便彼此能够更好地熟悉对方，让其他组员之间也能够更好地交流。在行动力的讲解中，组员听得很认真。总体来说，第二次小组活动比第一次小组活动组员之间更为熟悉一些，本次小组目标基本达成。

原因：工作者能够很好地使用专业知识，小组成员之间也较为熟悉一些，知道小组活动是具体干什么的。工作者可能在小组活动正式开始之前没有做好充分的准备，导致出现了组员偷听现象。总的来说，此次小组活动进行得很顺利。

第三次小组活动

状况：本次活动通过热身游戏"水到渠成"来暖场，在游戏过程中小球会经常掉下来，组员也会通过不同的办法来提高运小球的效率。因为在暖场游戏中较为愉快，工作者有些笑场，但是能够很快地调整自己的面部表情。在此次小组活动中工作者通过对提升行动力主动性技巧的讲解，小组成员都纷纷表示学到了很多，并通过游戏，组员之间更为熟悉了不少。得到了小组成员的认可。本次小组目标顺利达成。

原因：工作者没有及时控制好自己的面部表情，但工作者通过专业知识的讲解,让组员更好地掌握了提升行动力的技巧。同时工作者具有良好的沟通能力,此次小组活动完成得非常顺利。

第四次小组活动

状况:由于本次活动比较偏理性,部分组员的积极性不是很高,组员的反应并不是非常及时,存在着一些走神的现象。但是在热身活动中,大家都积极地加入小组活动中。随着工作者的讲解,组员也渐渐地进入到小组活动中,走神现象减少了很多。整体上来说本次小组目标基本达成。

原因:由于第四次小组活动干货比较多,小组成员积极性并不是非常高,但是工作者通过幽默的语言,慢慢地调动了组员的积极性,组员也能够积极地融入小组之中,本次小组活动进行得很顺利。

第五次小组活动

现状:整体小组活动在时间上短了一些,在道具上出现了一些小的问题,应该在开始前仔细地检查一遍。但在整个活动过程中,小组成员都能够积极地加入活动中,通过工作者的带动,小组成员在行动力上有了很大的提升,相比前4次活动,小组成员能够很好地安排自己的生活和学习。大家在本次活动中玩得都很开心愉快,本次活动目标也顺利达成。

原因:经过前几次的小组活动,大家彼此建立了很好的友情,并通过工作者的带动,大家都能够积极地参与小组活动。

第六次小组活动

现状:在热身活动中,由于在游戏中过于专注,有一名小组成员手指被其他成员划破,我们没有考虑到此游戏会让小组成员受伤,但是小组成员在此游戏中都非常投入,代入感都很好,并通过VCR,小组成员回忆这几次活动都经历了什么,都很感动,都很不舍,经过离别情绪的处理,大家都能够很开心地分享自己的行动力有很多提升,活动开展得很顺利,小组目标顺利达成。

原因:因为是最后一次小组活动,大家存在着离别情绪,并且处理离别情绪时处理得较好,组员都十分配合,参与度很高。

第八章 社区工作训练

第一节 社区工作训练任务书

一、实验（实训）基本信息

课程名称	社区工作训练	学　分	2
先修课程	个案工作、小组工作、社区工作		
适用专业	社会工作		

二、实验（实训）的总体要求

"社区工作训练"是社会工作专业为训练学生社区工作技能设置的实习课程。通过安排学生到社区进行走访、深入调查，社区探访，深入社区实际，收集实习所在社区的基本资料，包括社区的环境分析、人口分析、资源分析等，从社会的经济、政治、文化、教育角度对社区的各个层面进行深入调查，从而撰写体现社会工作专业视角、主题明确、具有实践性的实习报告。

三、课程实验（实训）任务

实训项目1：熟悉社区

通过实地考察和社区行走，初步了解实习所在社区的地域特征，绘制社区图。

实训项目2：了解社区的基本背景资料

通过现有的文献资料及实地调查，了解社区的人口状况、权力结构、社区资源等背景资料。

实训项目3：梳理社区发展历史

通过现有的文献资料等，整理并撰写社区发展历史。

实训项目 4：社区需求评估

设计社区访谈提纲，在社区范围内针对不同群体进行深入访谈，撰写访谈记录。分析访谈结果，探究社区存在的主要问题和居民的主要需求，撰写社区需求评估报告。

实训项目 5：完成社区实习报告

如实报告实习的主要内容、日程安排及实际实施情况，认真总结并详细报告实习的心得体会及思想方面、专业方面的反思和收获。

实训项目 6：社区项目设计

结合需求评估中社区存在的某一主要问题，进行社区项目设计，撰写社区项目设计方案。

实训项目 7：社区实践手记

实习学生每日根据当天的实习情况，撰写社区实践手记，详细记录实习过程并适时进行总结反思。

四、实验（实训）的考核方式

社区工作训练总计 100 分，最后成绩按优、良、中、及格、不及格五个等级评定。90 分及以上为优秀，80~89 分为良好，70~79 分为中等，60~69 分为及格，59 分及以下为不及格。

平时成绩构成要素		所占比例	设置目标和效果
实习纪律		5%	约束和考核学生出勤状况，设置最低出勤标准
实习态度		5%	鼓励学生积极思考问题、参与教学实践互动，以及提出问题、创造性地解决问题
团队成绩	社区资料收集	60%	社区工作过程中，对服务对象的理解、与服务对象建立关系、社区信息收集、工作管理、过程评估、计划和协议
	资料撰写	30%	社区图、社区背景分析、社区发展历史、社区需求评估、社区项目、实习报告等材料质量、结果评估、实习反思

第二节 社区工作训练指导书

一、课程信息

课程名称	社区工作训练	学　　分	2
先修课程	个案工作、小组工作、社区工作		
适用专业	社会工作		

二、实验内容

实验 1　学生分组和实习动员

1. 学时

2 学时。

2. 实验目的与要求

将班级学生随机分成 10 个小组，教师进行实习动员。

3. 实验内容及步骤

组建小组，确定组内各个成员的角色。教师进行实习动员，讲解实习的各项规定与要求。

（1）按照每组 4~5 名学生，将参加社区工作训练的学生分成 N 个组。

（2）每组选出一名组长。

（3）教师讲解社区工作训练的各项规定与要求，以及各项实习内容需要提交的资料的具体要求。

（4）学生根据当天实习内容撰写社区实践手记。

4. 课后题

（1）你对社区工作训练有什么期待？

（2）社区工作训练的目标是什么？

（3）社区工作训练的主要实习内容是什么？

实验 2　熟悉社区

1. 学时

4 学时。

2. 实验目的与要求

通过实地考察和社区行走，初步了解实习所在社区的地域特征，绘制社区图。

3. 实验内容及步骤

社区行走；绘制社区图。

（1）了解实习社区所在的地理位置。

（2）进行社区行走。

（3）绘制社区图。

（4）学生根据当天实习内容撰写社区实践手记。

4. 课后题

（1）实习社区的地理位置、空间大小如何？

（2）如何绘制社区图？

实验3　收集社区基本背景资料

1. 学时

8学时。

2. 实验目的与要求

通过现有的文献资料及实地调查，收集社区的人口状况、权力结构、社区资源等背景资料。

3. 实验内容及步骤

（1）查阅社区相关资料并详细记录。

（2）进行社区实地调查研究。

（3）了解社区人口状况。

（4）了解社区权力结构。

（5）了解社区资源状况。

（6）学生根据当天实习内容撰写社区实践手记。

4. 课后题

（1）通过哪些途径可以查阅社区相关资料？

（2）如何进行社区实地调查研究？

（3）如何完成社区人口状况表、社区权力结构图和社区资源状况表？

实验 4　梳理社区发展历史

1. 学时

4 学时。

2. 实验目的与要求

通过现有的文献资料等，梳理并撰写社区发展历史。

3. 实验内容及步骤

（1）查阅社区相关资料，详细记录并进行整理。

（2）撰写社区发展历史。

（3）学生根据当天实习内容撰写社区实践手记。

4. 课后题

（1）通过哪些途径可以查阅社区相关文献资料？

（2）如何撰写社区发展历史？它由哪几部分构成？

实验 5　社区需求评估

1. 学时

10 学时。

2. 实验目的与要求

通过探究社区存在的主要问题和居民的主要需求，撰写社区需求评估报告。

3. 实验内容及步骤

（1）设计社区访谈提纲。

（2）在社区范围内针对不同群体进行深入访谈，撰写访谈记录。

（3）分析访谈结果。

（4）撰写社区需求评估报告。

（5）学生根据当天实习内容撰写社区实践手记。

4. 课后题

（1）如何设计访谈提纲，有哪些注意事项？

（2）如何选择和寻找访谈对象？

（3）访谈时应注意哪些问题？

（4）如何总结和分析社区存在的主要问题和居民的主要需求？

（5）如何撰写社区需求评估报告？它由哪几部分组成？

实验6　社区项目设计

1. 学时

6学时。

2. 实验目的与要求

结合需求评估中社区存在的某一主要问题，进行社区项目设计，撰写社区项目设计方案。

3. 实验内容及步骤

（1）回顾本社区存在的主要问题和居民的主要需求。

（2）教师指导学生进行社区项目设计。

（3）撰写社区项目设计方案。

（4）学生根据当天实习内容撰写社区实践手记。

4. 课后题

（1）如何提炼并总结社区的主要问题和居民的主要需求？

（2）社区项目设计方案由哪几部分构成？

（3）如何通过设计服务方案去回应居民的需求？

实验7　完成社区实习报告

1. 学时

6学时。

2. 实验目的与要求

如实报告实习的主要内容、日程安排及实际实施情况，认真总结并详细报告实习的心得体会及思想方面、专业方面的反思和收获。

3. 实验内容及步骤

（1）对整个社区实习的过程和效果进行评估，并进行总结和反思。

（2）撰写社区实习报告。

4. 课后题

（1）如何进行社区工作的评估？

（2）你对于此次社区工作训练有什么心得体会？

（3）社区工作训练是否实现了既定目标？

三、考核方式

社区工作训练考核总计 100 分，最后成绩按优、良、中、及格、不及格五个等级评定。90 分及以上为优秀，80~89 分为良好，70~79 分为中等，60~69 分为及格，59 分及以下为不及格。

平时成绩构成要素		所占比例	设置目标和效果
实习纪律		5%	约束和考核学生出勤状况，设置最低出勤标准
实习态度		5%	鼓励学生积极思考问题、参与教学实践互动，以及提出问题、创造性地解决问题
团队成绩	社区资料收集	60%	社区工作过程中，对服务对象的理解、与服务对象建立关系、社区信息收集、工作管理、过程评估、计划和协议
	资料撰写	30%	社区图、社区背景分析、社区发展历史、社区需求评估、社区项目、实习报告等材料质量、结果评估、实习反思

四、建议学时分配

序号	教学内容	建议学时	备注
1	学生分组和实习动员	2	
2	熟悉社区	4	
3	收集社区基本背景资料	8	
4	梳理社区发展历史	4	
5	社区需求评估	10	
6	社区项目设计	6	
7	完成社区实习报告	6	
	学时合计	40	

第三节　社区工作训练课程考核

课程考核改革方案

课程名称：社区工作训练

课程性质：□理论（含理实一体化课程）

☑实践（含实验、集中实训及其他实践教学课程）

适用对象： 社会工作专业×××年级　社会工作××-××班

学　　时： 2周

学　　分： 2

一、考核内容

社区工作方法是社会工作的重要方法，社区工作训练是在社会工作专业基础实习上的深入实习。本实习主要通过安排学生到社区进行参观、深入调查，社区探访，深入社区实际，收集实习所在社区的基本资料，包括社区的环境分析、人口分析、资源分析等，从社会的经济、政治、文化、教育角度对社区的各个层面进行深入调查，从而撰写体现社会工作专业视角、主题明确、具有现实性的实习报告。实习以小组形式展开，每个小组提交一份实习报告。主要实习内容包括以下几个方面。

（1）熟悉社区：通过实地考察和社区行走，初步了解实习所在社区的地域特征，绘制社区图。

（2）了解社区的基本背景资料：通过现有的文献资料及实地调查，了解社区的人口状况、权力结构、社区资源等背景资料。

（3）梳理社区发展历史：通过现有的文献资料等，整理并撰写社区发展历史。

（4）社区需求评估：设计社区访谈提纲，在社区范围内针对不同群体进行深入访谈，撰写访谈记录。分析访谈结果，探究社区存在的主要问题和居民的主要需求，撰写社区需求评估报告。

（5）完成社区实习报告：如实报告实习的主要内容、日程安排及实际实施情况，认真总结并详细报告实习的心得体会及思想方面、专业方面的反思和收获。

（6）社区项目设计：结合需求评估中社区存在的某一主要问题，进行社区项目设计，撰写社区项目设计方案。

（7）社区实践手记：实习学生每日根据当天的实习情况，撰写社区实践手记，详细记录实习过程并适时进行总结反思。

二、成绩构成要素及评分标准

1. 课程成绩构成结构及比例

课程成绩构成为：总成绩（100分）=社区工作训练过程考核评分（10分）+社区工作训练社区资料收集考核评分（60分）+社区工作训练资料撰写评估考核评分（30分）

2. 各构成结构的基本要素

社区工作训练过程考核评分=工作纪律（5分）+工作态度（5分）

社区工作训练社区资料收集考核评分=对服务对象的理解（10分）+与服务对象建立关系（10分）+社区信息收集（10分）+工作管理（10分）+过程评估（10分）+计划和协议（10分）

社区工作训练资料撰写评估考核评分=材料质量（10分）+结果评估（10分）+实习反思（10分）

实习成绩可划分优、良、中、及格、不及格五个级别（90~100分为优，80~89分为良，70~79分为中，60~69分为及格，60分以下为不及格）。

3. 各基本要素的评价标准

各组指导老师参照评价标准，给每名同学打分，每名同学在实习的表现都会影响得分，同时小组的整体表现也会影响每个小组的整体得分以及个人得分。

具体评分标准如下表所示。

社区工作训练各要素评价标准

考核项目	主要观察点	评分标准	分值
训练过程考核（10分）	工作纪律（5分）出勤情况：旷课扣2分/次；事假、迟到扣1分/次；病假不扣分	全勤未请假，无迟到、早退	5
		有1次早退或迟到或事假	4
		1次旷课或2次早退/迟到/请假	3
		旷课2次及以上；2次以上早退或迟到	2~1
	工作态度（5分）实习态度是否端正、认真，实习过程中是否积极思考、作风严谨、勤学好问、遵守相关规定	态度端正，积极思考，遵守规定	5
		态度较端正，能够思考，较遵守规定	4
		态度基本端正，能够思考，基本遵守规定	3
		态度不端正，不进行思考，不遵守规定	2~1

表（续）

考核项目	主要观察点	评分标准	分值
社区资料收集考核（60分）	对服务对象的理解（10分） 是否理解服务对象的特征，鉴别服务对象的一般问题和需要	充分理解服务对象的特征，准确鉴别服务对象的一般问题和需要	10
		比较理解服务对象的特征，较好地鉴别服务对象的一般问题和需要	8
		基本理解服务对象的特征，基本能够鉴别服务对象的一般问题和需要	6
		对服务对象的理解模糊，不能鉴别服务对象的一般问题和需要	5~1
	与服务对象建立关系（10分） 尝试接触各类人群，理解亚文化的差异，促进服务对象自我表达	工作者接纳服务对象，顺利建立专业关系	10
		工作者较好地与服务对象建立专业关系	8
		工作者基本能够与服务对象建立专业关系	6
		工作者未能够与服务对象建立专业关系	5~1
	社区信息收集（10分） 社区图、社区人口、社区资源、社区走访报告、社区访谈记录等	社区信息收集方法科学，内容全面	10
		社区信息收集方法较科学，内容较全面	8
		社区信息收集方法基本科学，内容基本全面	6
		社区信息收集方法不科学，内容不全面	5~1
	工作管理（10分） 管理社区实习时间和工作量，完成实习任务，在学习需求与服务提供之间达到平衡	高效管理实习时间和工作量	10
		较好地平衡实习时间和工作量	8
		基本完成实习任务	6
		实习任务完成不全面，时间分配不合理	5~1
	过程评估（10分） 社区实践手记资料完成情况	社区实践手记内容真实、反思深刻	10
		社区实践手记内容较真实、反思较深刻	8
		社区实践手记内容基本真实、反思基本深刻	6
		社区实践手记内容不够真实、反思不够深刻	5~1
	计划和协议（10分） 为服务对象阐明详细、具体的目标，根据需求评估建立行动计划	目标制定合理，服务计划制订科学	10
		目标制定较合理，服务计划制订较科学	8
		目标制定基本合理，服务计划制订基本科学	6
		目标制定不合理，服务计划制订不科学	5~1

表(续)

考核项目		主要观察点	评分标准	分值
资料撰写评估考核（30分）	材料质量（10分）	相关材料撰写质量	相关材料撰写符合要求，质量高	10
			相关材料撰写较符合要求，质量较高	8
			相关材料撰写基本符合要求，质量一般	6
			相关材料撰写不符合要求，质量差	5~1
	结果评估（10分）	实习报告撰写质量	观点正确、论述清晰、内容翔实	10
			观点较正确、论述较清晰、内容较翔实	8
			观点基本正确、论述基本清晰、内容基本翔实	6
			观点不正确、论述不清晰、内容不翔实	5~1
	实习反思（10分）	关于社会工作价值、技巧和社会工作角色扮演方面的反思	反思与总结详细、深刻	10
			反思与总结较详细、深刻	8
			反思与总结基本详细、深刻	6
			反思与总结不够详细、深刻	5~1

三、考核过程

（一）考核方式

考核采用实习汇报和实习报告相结合的方式。

（二）考核组织形式

考核组织形式为个人实习汇报和小组实习汇报相结合。每名组员汇报实习主要内容、实习态度和实习过程表现，再结合各小组实习报告进行分组考核。

▱ 第四节　社区工作训练案例

一、社区图

社区平面图

二、社区基本资料

（一）社区人口资料

×××社区人口状况

数量	人数总数：13408	常住人口：13408
性别比例	男生占比：68.4%	女生占比：31.6%
年龄比例	18—21 岁：65.4%	22—24 岁：34.6%
受教育程度	本科在读：87.6%	专科在读：12.4%
职业状况	在校生：81.3%	实习生：18.7%

备注：

（1）社区房屋出租情况。（包括数量和出租人群体分析）

学校内 1~7 号学生公寓出租人数为 13408 人，入住人群多为学生。据调查显示，因新冠肺炎疫情封校的特殊原因，还有 300 多名食堂工作人员暂时入住到 7 号楼公寓。

（2）人户分离情况。

本社区人户分离人口达到 2508 人，约占全校总人口数的 18.7%，都为校外实习生。随着一届届毕业生数量的增多，每年去校外实习的人数也在增长，人户分离的情况也在增加。

（二）社区权力结构

×××社区权力结构

1. 领导简介

书记　主持学校党委全面工作。负责学校依法治校、招生就业和图书文献工作。

校长　主持学校行政全面工作。负责学校本（专）科教学、人事、教学督导与质量保障、教师发展、实验实训、学术委员会和教育发展基金会工作。

副校长　负责学校发展规划与综合改革、产教融合、国际交流、创新创业、现代产业学院、科研与校企合作及科研产业对外合作工作。

副校长　负责学校智慧校园建设、社会化保障、安全保卫工作。

总会计师　负责学校财务工作，分管计财处。

校长助理　负责学校学生管理、继续教育和培训产业及对外合作工作。分管学生发展与服务处、继续教育学院（应用技术学院）。

校长助理　负责学校办公室、资产管理、基建工作。

组织名称	权力范围	组织关系	居民参与情况	有无影响力领导或个人
党政办公室	负责学校行政工作计划、总结、规划、报告、请示、决议、公告等文件的行文、上报、下发、立卷、归档工作；审查有关部门以学校名义发布的重要布告、通知等；行政文件审核、印刷装订和分发工作。主要负责学校行政工作和信息管理	党政办公室在校长领导下开展工作。主要包括行政科、秘书科、档案室	弱	助理：×××

表（续）

组织名称	权力范围	组织关系	居民参与情况	有无影响力领导或个人
党政工作部	党委工作、党委印章、党的建设和管理，党委会议的准备、记录，督促执行等，主要负责党组织工作，以及对内对外的宣传工作	组织部、宣传部、统战部	一般（学生党员为主要参与者）	党委书记：××××
人事处	负责人才人事工作，师资队伍建设规划，管理校内机构设置和人员编制，受理各类人才引进和招聘，管理职级的聘任与晋升，实施教职工考核和奖惩管理；制定实施全校人员经费预算、工资福利、社会保险等薪酬政策；管理人事服务、人员调配和退休调出等事务；人事档案管理	人事科、师资科	弱	校长：×××
教务处	教学管理，组织教学的主管机构，教学岗位的征订，教务系统的管理、学习通软件的学校端管理、教材的预订与发放、考试安排、课程安排、考风考纪的管理等	主持教务处全面工作，向主管教学副校长负责	强（学生学业情况咨询、考试安排、学生的课程安排、计算机二级和英语四六级报名等）	副校长：××× 教务处处长：×××
教学质量保障处	教学质量的保障，制定与修订学校教学质量保障的各项规章制度、工作规范和工作流程等	组织制定学校教学评估工作计划、工作方案、工作目标和有关文件，向主管校长负责	强（课程的设置与评估）	校长：×××

表(续)

组织名称	权力范围	组织关系	居民参与情况	有无影响力领导或个人
教师教学发展中心	教师校内培训、午间教学交流会、外请专家讲座、外派培训及参加学术会议等	向副校长负责	弱	副校长：×××
科研产业处	负责管理、指导、组织、协调全校的科研工作。制定学校年度科技发展计划以及学校科技发展长远规划。负责各级各类科技计划项目的申报、立项、过程管理、验收（结题）等工作。负责全校科研经费的拨款及管理工作	负责管理、指导、组织、协调全校的科研工作	弱	副校长：×××
学生发展与服务处（校团委、武装部）	思政教育与军事教育科、学生管理与资助管理科、团委办公室、大学生健康教育中心	向学生处和后勤保障部负责	强（学业规划、学生勤工俭学岗位设置、军训工作、团委工作、资产管理、大学生健康服务教育、继续教育管理等）	校长：××× 助理：××× 助理：×××

表(续)

组织名称	权力范围	组织关系	居民参与情况	有无影响力领导或个人
招生就业处	学校招生工作规章制度、年度招生工作计划、学校招生的调研工作、招生宣传方案的制订和实施;学校教育思想、办学理念、学校发展规划与工作计划;负责拟定学校毕业生就业工作的规章制度并组织实施	招生办公室、就业办公室	强(本学校的招生分配、就业指导)	书记:×××
计财处	负责会计检查和分析工作;参与制定财务预算、监督和控制年度预算的执行,定期检查、分析预算的执行情况,积极提高经济效益;负责学校学费收缴及其他收费的管理工作,负责组织学校财会人员学习党和国家财经政策、法规、制度和业务知识,努力提高财会人员的政治素质和业务水平,负责迎接上级有关财务审计检查工作,负责税务工作	计财处、对院内各部门经济活动的合法性和合理性进行监督	强(学生缴费、对各学院的财务情况进行监督)	总会计师:×××

表(续)

组织名称	权力范围	组织关系	居民参与情况	有无影响力领导或个人
后勤保障处	负责后勤服务和校园管理工作，负责制定和实施后勤工作规划及年度计划，制定和完善后勤管理工作的各项规章制度、服务质量标准和监控措施等；负责校园的食堂、公寓、绿化、经营网店的招商管理、医疗卫生、班车管理等	向副校长负责	强（超市、食堂、绿化、保洁、寝室等）	副校长：××× 助理：×××
保卫处	主要负责学校社区的安保工作，还包括校内车辆停放与管理、校内交通管理工作，安保信息收集整理及上报，定期在网上发布校园内的安全问题及解决办法，处理校内突发事件等	校内安保工作按照学校上级的整体规划，开展校内安全工作，制订校内管理的具体计划，定期收集整理校内安保工作资料并进行分析上报	强（保安）	副校长：×××

2. 权力结构框架

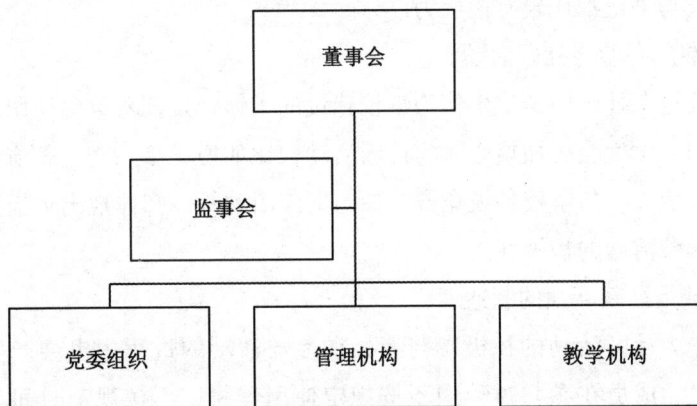

×××社区权力结构图

备注：

（1）社区中谁能提供资源？

社区工作是一种强调依靠社区力量、整合社区资源、强化社区功能解决问题的工作方法。在学校社区中，学校师资队伍、校级管理人员、学生组织、校内商户等都是可以用到的资源。比如说，社区需要开展一场大型的文艺演出，需要一些特定的节目，如街舞或话剧，而所在社区没有能够参与的人员，这时候就可以联系社区中的社团组织——大学生话剧社和街舞社来共同完成这项任务。社区工作将社区资源与社区需求匹配，能够使社区资源得到充分利用，使社区居民享受有效的服务。

（2）社区活动不能缺哪位重要人物？

社区活动中不能缺少的是校长。校长是学校管理的中心人物，一个学校的发展离不开校长对学校的管理与责任。校长作为学校的行政负责人制定学校的整体发展规划和工作计划，引导教职工坚持正确的教育原则与方法，形成良好的校风校纪，对更好地维护学校的正常教育、教学秩序有着重要作用。

（3）谁说的话有说服力？

学校是教书育人的地方，高校的培养内容与方向也是至关重要的，如今高校学生正处于树立良好意识的重要时期，学校也必须要坚持党的领导，把作为学校中重要领导人的校长与书记的职责理清，才能更好地完成高校的教学任务与目标。学校是在党委领导下的校长负责制，校长负责校内事务，包括行政、教务系统等，书记是党务工作的负责人，包括党建、意识形态、人事等。一般情况下他们的行政级别是平级，但他们各自的分工不同，所以在学校建设方面来说，校长与书记都比较有说服力。

（4）谁热心参与社区活动？

在学校这个社区中，学生作为学校建设的主体，发挥着重要作用。在平时的休息时间，学生会更加热心参与社区活动，比如说，参加文艺表演活动、加入学生会组织、参与学校各级竞赛、参与文体活动等，都体现出了当代大学生对于参与学校活动的积极性。

（5）谁是社区麻烦的制造者？

学生作为社区活动的积极参与者，在参与活动的过程中也会产生一些问题，比如说，成员在参与过程中不按规定使用器材、不按规定时间参加活动等，都会在活动中造成不可避免的麻烦，所以学生的组织问题和管理问题也是活动中的重点内容。

(三)社区资源情况

×××社区资源一览表

社区内的资源	社区内的位置	日常运作时间	对社区居民影响程度	被利用情况	社区居民参与情况
打印店	阳光打印社、非凡复印社位于社区西部,学友小铺打印店位于西北部	8:00—21:00	影响程度高,社区内的人员想要打印复印纸张都去这三个打印店进行操作	完全利用	强(日常学习、生活参与情况强)
食堂	一食堂、三食堂、美食广场位于社区西北部,中快、二食堂位于社区西部,六食堂位于社区北部	6:00—21:30	对食品需求影响程度高,满足居民基本生活需求	完全利用	极强(饮食参与、就餐参与情况极强)
超市	位于社区北部	6:00—22:00	影响程度高,满足居民的购物需求	完全利用	强(满足学生日常购物需求,吸引在生活用品以及食物方面有着需求的学生参与)
浴室	位于社区西部	8:00—21:00	影响程度高,学生用于洗澡	完全利用	强(学生日常自身清洁、洗澡参与)
女生公寓	5号公寓位于社区西北部,1~4号公寓位于社区西部	5:50—22:00	影响程度极高,用于住宿、生活需求	完全利用	极强(学生日常住宿、生活参与)

表（续）

社区内的资源	社区内的位置	日常运作时间	对社区居民影响程度	被利用情况	社区居民参与情况
男生公寓	5号公寓位于社区西北部，6号公寓位于社区北部，7号公寓位于社区西部	5：50—22：00	影响程度极高，用于住宿、生活需求	完全利用	极强（学生日常住宿、生活参与）
奶茶店面包房	位于社区北部	8：00—21：00	影响程度中等	部分利用	中等（对于有娱乐放松需求的学生有这方面的参与）
洗衣中心	位于社区东北角	8：00—19：00	影响程度中等	部分利用	中等（有洗衣需求的同学参与）
医务室	位于社区中部	全天	影响程度较低	部分利用	中等（身体不舒服的学生或是有就医需求的学生这方面的需求满足较大，而对其他人来说参与度小）
发廊	位于社区西北部	8：00—22：00	影响程度中等	部分利用	中等（有剪头、修理发型需求的学生才会参与）
水果店	位于社区北部	8：00—22：00	影响程度中等	部分利用	中等（对于有想买水果的学生参与较高，其他则较低）
移动通信	位于社区西部	9：00—19：00	影响程度低	少数利用	低（一般学生不会出现通信问题，只有少数学生参与）

表（续）

社区内的资源	社区内的位置	日常运作时间	对社区居民影响程度	被利用情况	社区居民参与情况
教学楼	A、C 楼位于社区西北部，B、D 楼位于社区西南部，E 楼位于社区东部，职教楼位于社区西南部，文体楼位于社区东南部	6：00—22：00	教育资源影响程度高，满足居民的学习需求	完全利用	强（学生日常学习场所，教师日常办公场所）
图书馆	位于社区中部	7：30—21：30	影响程度高，满足居民课后学习需求	完全利用	强（学生日常学习参与，借阅图书）
网球馆	位于社区中部，相邻操场	6：00—9：00	影响程度高，满足居民锻炼需求	完全利用	强（学生日常锻炼参与，强身健体）
操场	位于社区西南部	6：00—21：00	影响程度高，满足居民身体锻炼需求	完全利用	强（学生日常锻炼参与，散步、跑步等一系列户外活动）
体育馆	位于社区东南部	6：00—22：00	影响程度高，满足居民锻炼需求	完全利用	强（学生日常体育锻炼参与）
篮球场	位于社区中部	全天	影响程度中等，满足居民锻炼需求	部分利用	中等（部分学生日常打篮球参与，增加体育锻炼）
足球场	位于社区西南部	6：00—21：00	影响程度中等，满足居民锻炼需求	部分利用	中等（部分学生日常锻炼参与，锻炼身体）

表（续）

社区内的资源	社区内的位置	日常运作时间	对社区居民影响程度	被利用情况	社区居民参与情况
乒乓球馆	位于社区东南部	6：00—22：00	影响程度中等，满足居民锻炼需求	部分利用	中等（部分学生日常锻炼参与，增强体质）
心理咨询室	位于社区东南部	8：00—18：00	影响程度低	部分利用	低（部分学生需要心理咨询参与）
瑜伽室	位于社区东南部	6：00—22：00	影响程度低	部分利用	低（部分学生上课需求）

三、社区走访报告

×××社区走访报告

（一）×××社区简介

×××位于辽东半岛最南端的大连旅顺经济开发区大学城内，学校现有土地面积为 78.88 万平方米，建筑面积 29.59 万平米，学校下设机械工程学院、交通运输学院、电气工程学院、经济与管理学院等 10 个二级学院，以及思想政治理论课教学部、基础部、体育部 3 个教学部；学校现设 30 个本科专业，形成了以工学为主，管理学、文学、法学、艺术学多学科协调发展的基本格局。学校坚持立德树人、德育为先，始终将培育和打造办学特色作为立校强校的重要任务之一。早在建校之初，创办人高智先生就提出"勤劳、智慧、勇敢、意志、信誉、责任、包容、感恩"的校训，经过多年摸索，办学特色初步显现，即实施"三大工程"，践行"大科精神"；实施 PEIM 教育，深化协同育人。在 2019 艾瑞深中国校友会网正式发布最新一轮全国高校排名中，成功跻身全国一流民办大学 30 强行列，成为 2018 年中国进步最快的民办大学。

（二）×××社区现状

大学校园是为国家培养高素质人才以及高级知识分子的基地和生活居所，校园的师生活动以群体性活动为主，促使着公共设施的使用率也较为频繁，功能使用方式也较为灵活。加强大学校园公共设施系统化的整理与设计，能够提高使用体验质量，满足人们的使用和内心需求，使之融合校园文化。

随着社会经济的不断发展和人民生活水平的日益提高，人们对于文化生活有了较大的改变，社会对于文化生活的需求也日益增长，在新时代趋势发展和环境的影响下，教学思想从单纯的传授理论知识发展成为注重实践能力的培养，人们更加注重校园环境对学生的影响，社会各界也越来越认识到舒适而文明的校园环境对创造良好的科研文化氛围，促进学生身心健康发展与交往等方面有着独特的和不可替代的作用。大学校园是一个城市地区的文化核心和枢纽，有着源远流长的历史发展和文化内涵，校园整体有一定高度的文化和欣赏水平，因此我们对大学校园现状进行分析，并以大连科技学院为例。大连科技学院占地面积78.88万平方米，建筑面积29.59万平方米，教学科研仪器设备总值9053.87万元，馆藏图书97.6万册。学校现有教职工667人，其中专任教师450人，1.2万余名学生。学校下设10个二级学院和3个教学部，有30个本科专业，形成了以工学为主，管理学、文学、法学、艺术学多学科协调发展的基本格局。

大学的校园活动空间是学习知识与生活休闲的重要场所，无论是校内的师生还是校外访客，都会在活动和休息的过程当中感受整个校园的文化底蕴与人文气息，在校园的大环境里，户外的公共设施系统无疑扮演着重要的角色。大连科技学院设有图书馆，给予学生知识的扩展，开阔视野。设有心理咨询室，满足学生内心的需要，舒缓学生内心。设有打印社、洗衣店等，满足学生日常的生活需要。基础设施相对较全面，满足了校园中使用人群的功能需求和使用感受，丰富了校园环境以及师生的精神文化生活等，使得在校师生可以得到更好的感受与体验。同样，基础设施在提供便利的同时，能够美化环境。

大学校园作为城市建设中一种重要而又新型的模式和典范，相关设施规划与设计都应当具有一定的时代性和典型性。伴随着社会生活水平和对高等教育的重视程度的普遍提高，校园的公共设施系统也在相应地改善和提高，使得大学校园的公共设施系统的作用越来越积极、越来越重要和越来越相互作用与影响。就学校环境方面，应多建设校园美景，并成为大连科技学院的标志性建设、标志性美景，同时这样能够吸引更多的学生加入大连科技学院这个大家庭。

（1）教学楼是一所学校必不可少的基础设施，大连科技学院六栋教育楼分别是A楼、B楼、C楼、D楼、职教楼和文体楼。这些教学楼是学生学习、生活的重要场所，是校园精神文明的重要阵地和窗口，是学校教育工作的重要组成部分。良好的消防安全环境既是学校教学工作顺利进行的有力保证，也是确保学校和师生人身、财产安全的一个重要因素。

（2）×××共有六个食堂加上一个餐厅，这些为学生们的身体需要的营养提供了保障。首先，食堂饭菜的好坏决定了学生的身体健康状况如何。其次，如果学校的食堂不错，那么学生会更有归属感。最后，如果学校食堂的饭菜好吃，学生们也会过得更加开心。学校食堂是学校教学、科研、生活的重要组成部分，承担着为师生提供饮食的重要任务。

（3）运动场和操场是一所高校必不可少的设施，这些基础设施为学生的身体锻炼提供了必要的场所，承担着体育训练和娱乐等作用。大连科技学院的体育基础设施包括一个400米跑道，一个足球场、篮球场、网球场、排球场若干，还有一个室内运动馆，这些都为大学生的体育训练和身体健康提供了保障。

（4）宿舍楼是一所高校基础设施中必不可少的一部分，是学生休息、娱乐甚至教育的重要场所，特别是对于大学生来说，平时课程安排比较灵活，宿舍的重要性就得以体现了。大连科技学院共有七栋宿舍楼，三栋新楼、四栋旧楼。这些宿舍楼的居住环境有所差异，新楼配备了电梯、上床下桌、独立卫生间，这些旧楼里面都没有，当然新楼和旧楼的宿舍费也有所差异。

（5）大学图书馆是大学生构建和更新专业知识的基地。图书馆是知识的宝库，它拥有浩如烟海的文献，各种有价值的知识、信息蕴藏其中。它根据学校教学和科研的需要，搜集、整理和保存了最为齐全和系统的文献资料资源。它不仅可以配合学校的教学活动和根据教学计划为学生提供大量的课外教学参考书，而且可以为学生参加计算机、英语水平等级考试，参加实习和撰写毕业论文提供大量的参考资料。甚至高校图书馆被称为"大学教育的第二课堂"。大连科技学院有一座图书馆——高智图书馆，馆藏图书有97.6万册，囊括了多种学科，多种门类。

（6）作为一所理工应用类院校，实训场所是必不可少的，大连科技学院建有轨道交通信号与控制实验实训中心（辽宁省实验教学示范中心）、工程训练中心等99个实验实训场所；与中车大连机车车辆有限公司、大连地铁运营有限公司等企业共建了87个校外实践基地。

（7）在大连科技学院的内部有一个公交站点，供教师上下班、学生外出使用。校园公交车站的候车亭是大学校园服务进步和文化发展的重要体现，作为大学校园公交系统的重要节点设施，充分保障了校内公共汽车的顺利停靠。

（8）公共座椅是校园生活和休闲时必不可少的设施之一，是人们交往空间的主要公共设施，是一种舒适而又轻松的使用体验与感受。校园内公共座椅相对较少，可在篮球场以及路边设置一些座位，可让学生在逛学校的同时也能够停下来休息欣赏校园的风景。

（三）×××社区存在的问题

1. 社区内资源分配不均衡

通过走访发现，只有部分公寓有空调，而其他公寓没有空调，这些公寓的同学要忍受夏天炎热、冬天寒冷的情况。且只有5、6、7号公寓是上床下桌，其他公寓都是上下铺，地方狭小也没有自己独立的空间，处在这种情况的同学就会心理很郁闷，抱怨社区资源分配不均衡。

2. 设施利用率低

走访中发现了两个地方的设施利用率很低，一个是图书馆的电梯，另一个是公寓的电梯。图书馆的电梯基本就没开放过，一共是两个电梯都不开放，最高楼层是六楼，有很多同学需要天天搬书，而电梯就近在眼前无法使用。图书馆外部的大屏幕没有发挥到它自身的价值，基本都是关着的，打开的时候也只是简单地放几张图片，没有起到宣传、展示以及推广信息的作用。相比图书馆来说，公寓的电梯不是不开放，而是经常发生损坏，有时候要维修半个月才能正常使用，现在因新冠肺炎疫情原因线上上课，所以学生们的抱怨不是特别大，当正常恢复线下上课的时候，中午下课高楼层的同学等电梯要等半个小时，耽误了午餐时间，而下午又有课，只能中午不吃饭。

3. 缺少必要的配备资源

这一点在图书馆表现得最为明显，图书馆可以连着给电子产品充电的地方，一层只有四个，其他的插座基本都是坏的，这个问题据同学反映报修过，可工作人员从来没有维修。有需要充电的同学只能快马加鞭去抢占有电源的座位，而对于有用电脑需求却又没有抢占到电源的同学来说，无疑不是一场巨型"灾难"。此外，据调查，×××社区共在校生超过1万名，有学习需求的同学不占少数，图书馆六楼不开放，其他楼层的座位有限，书架就占了三分之一，有很多同学想来学习，却没有机会来到图书馆进行学习。此外，基础设施无法满足学生的日常需求，学校内学生很多，但是满足基本需求的设施却很有限，比如去超市经常要排很长时间的队，一整个公寓只配备五台洗衣机，无法满足学生们的需求，有很多因为抢占资源而引发矛盾，有甚者还会因为这个而大打出手，所以增强基础设施资源对于学生来说是很重要的，也是很实用的。

4. 社区配套设施薄弱

走访操场的时候发现，操场上面的跑道有一些地方凹凸不平，在南部拐弯处还有一个很大的坑，周围用纱网简单地围起来，告诉同学不要靠近那个地方，且学校的运动设施简洁，我们在南北两个篮球场发现只有做仰卧起坐和引体向上的几个铁杆子，体育馆内的乒乓球、羽毛球、排球训练场地很少对普通生开放，大多数对校队的体育生开放，所以对于这些普通同学来说，学校的配套设施十分薄弱，没有什么能够运动、锻炼的器械，生活也比较单调乏味。

5. 教学仪器设施老化

这个问题很多同学都经历过，上着课投影仪自动上升了，有的投影仪和教学电脑根本打不开，老师无奈只能给学生讲书本上的知识，而没有办法以有趣的方式帮助学生拓展课外知识。在我们访问过的同学中有一个同学令我们印象很深，他说他有一个任务每节课在这个教室上课之前都要先去二楼找一下维修师傅，电脑才能开机。这也反映了社区的教学仪器设施老化的问题，影响了老师教学也影响了学生上课。不只是教学仪器有这个问题，有的教室上课的凳子坐着坐着就坏了，以及楼下的自动贩卖机，总是出现问题，这些都反映了社区内部的基础设施老化问题，有待更新。

6. 设施设备的实用性低

在每个寝室的上方都有一个烟雾报警器，如果发生火灾时可以自动监控，尽最大限度减少人员的伤亡。可是学校的烟雾报警器实用性很低，就是一个装置摆设，有很多同学在寝室里面抽烟，烟雾报警器也监测不到，浪费了金钱也达不到预期的结果，没有实用性。学校为了减少垃圾在公寓楼下的存放建设了一个大型垃圾场，但是据同学反映垃圾场建设完成之后，垃圾还是满天飞，公寓下面的石路上全是垃圾，由此可见，垃圾场没有发挥它的效用，和之前的垃圾清理车效果是一样的，这就是实用性低的表现。

7. 空间布局不合理

社区一些设施的布局有着很大问题，比如说图书馆和篮球场相邻，图书馆应该是一个安静的地方，里面都是来学习的人，可是旁边打球的同学就会很吵，经常会听到因为赢球而大声欢呼，以及经常会有些同学在篮球场做活动，在这里面唱歌玩游戏等，这就会打扰到自习的同学。根据走访发现，垃圾场和5号宿舍是紧挨着的，每天早上垃圾车运垃圾的声音都很大，而且垃圾场的味道也时不时地飘到寝室里面，这样安排的空间布局不是很合理。

8. 资源质量低且缺乏专业管理设施的人员

教学楼里面教室的门、寝室里面卫生间的门有一半以上都是坏的，上卫生间的时候关不上门，这是很多学生的苦恼。且自助打印机经常存在卡纸、卷纸、没有墨的情况。我们讨论后发现这个情况，一方面是因为学校的工作效率低，另一方面是因为学校内部缺乏管理专业设施的人员，有问题的时候只是上报给宿管阿姨或者是教学楼负责人，而这些设施管理人员有时工作效率低，并不能快速地将问题上报给专业维修部门，这就导致了问题的出现。如果有专门的一个部门负责解决问题，那么学校的基础设施建设的质量就会大大提高，学生对于学校的满意度也会提升，有利于营造和谐的社会环境和友好的氛围。

(四) ×××社区解决问题的对策

1. 制订计划科学地使用校内资源

在中国，民办院校的资金来源主要有学生的学杂费、个人投资、社会投资以及学校自有资源，但往往这些资金并不一定能充分支持学校内部的管理和运营，所以会导致学校更多关注的是学校的教育教学而忽视了学生日常生活中出现的问题，才使校内资源分配出现了不均匀的问题。在探访中，学生们也会出现一些抱怨住宿条件不好、基础设施过少等一些问题。因此想要解决校内资源分配不均的情况，学校作为社区的主体部分，首先要制定更加完善的资源使用规章制度，使学校的资源得到更好地利用；其次，需要定期听取学生的意见，并且帮助学生解决生活中的困难与问题；最后，学校有关部门需要找到更可靠的融资渠道，并对学校基础设施进行完善与建设，这样才能够使高校得到持续的发展，提高学校的管理与教育水平。

2. 建立基础设施监督管理机制

在进行社区调查时，我们发现学校图书馆与学生公寓的电梯存在使用率低的问题。对于这个问题，我们有两点建议：一是建立一套健全的监督管理机制，通过部门与群众监督，共同使学校现有资源得到充分利用，使学校制定落实开放图书馆电梯设备使用时间的相关规定，充分提高图书馆电梯的使用率，使需要使用设备的同学受益；二是学校在管理公寓电梯方面需要制定一套科学有效的设备管理标准，在日常生活中，同学们在使用电梯时，尤其是住在高层的同学反映在使用电梯时，会出现拥挤的情况，有时电梯在运行过程中会经常出现故障。因此，我们建议学校建立维修设备的专门部门，对电梯等设备加强维修保养，定期检查并更新设备，提高学校基础设施的使用效率。

3. 根据学生需求完善设施使用

目前在图书馆使用电脑学习的同学很多，但是图书馆插座太少，能充电的地方也是少之又少，几乎无法满足同学们在图书馆学习时的正常电源需求，所以建议学校对图书馆资源的使用定期进行调查与研究，选定相应的学校管理部门对图书馆工作进行专项规划与负责，切实保障学生的学习需求，解决同学们在图书馆学习时电子设备的使用问题以及对图书馆进行科学的规划与管理。在学生生活方面，建议学校后勤部门派专门负责人对学生长期使用的设备进行管理与维护，对设备需要增加与维修的部分，制订相应的、切实可行的计划，对学生群体进行访谈，在充分了解学生需求的情况下对社区内设备的配备情况进行调整与管理。

4. 建立相关的体育设备管理制度

对于社区内基础设施薄弱的问题，我们提出了以下几点解决的对策与方案。在我们进行社区走访阶段，我们发现了有的操场运动设施不完备、部分设施有故障、基础设施较简单且没有相应的保护措施等问题。学校相关部门对于购置体育器材经费缺乏有效的监督机制，导致为数不多的体育经费可能被用在不切实需要的地方。学校应该建立相关的体育设备管理制度，对校内的体育设施购置、设备维护、体育活动时间、体育教学项目进行科学的管理与制定，由体育部门负责人专项负责学校体育相关的工作，让同学们可以充分利用校内公共设施，锻炼身体增强体质。

5. 及时更新和维修教学仪器设施

学校是学生每天学习、生活的地方，而作为提供场所的学校，首先应该考虑校园里各项设施的安全性，要对其定期维护与保养，确保安全可靠。如果学校并未定期地排查与维护，就会很容易导致学生意外伤害，造成极大的安全隐患。对于设备老化的问题要及时发现和整改，以保证课堂的顺利进行和效率。

学校组织开展一次全面的设施设备排查整改工作，着力加强对投影仪器、桌椅、电脑、吊灯、门窗等基础设施的检查和维护，及时更换老旧设备，在一定程度上满足学生们的需求。健全安全管理系统，要结合校园建设工作，对学校购置的各类基础设施，及时录入安全管理系统，根据购置的时间，定期组织进行维护保养，及时更换老旧设施。

6. 提升设施设备的实用性，优化资源，提升资源质量

基础设施建设应该讲求简洁朴实，强调实用性，不盲目进行设备设施的扩充。在扩充设备设施前要有合理的规划，要考虑到学生们的真实需要，以防止设备设施给学生的生活带来不便。可以报告相关部门，加强对设备设施的检查和监督力度，保证设备的质量，及时更换老化设施设备，合理规划设备设施布局和位置。对于设备设施出现的问题，学校要提供专门的部门让学生能够及时地反映，学校及时地解决，以此确保设备设施的实用性。

7. 保证校园空间布局的合理性

保证教学区、运动区、生活区的合理布局，学校的运动区是为师生员工提供活动健身的场所，师生员工在学习和工作中要有适当的运动和锻炼，以保证良好的状态。他们相互依存又有相互反作用，主要体现在教学区与运动区两者之间的布局和距离是否合理，如果离得过近，开展体育活动的呐喊声会对教学区产生影响。生活区的设施设备布局，如果设置不合理，会大大影响到同学们的生活。因此学校在规划建设过程中，要合理安排各个区域的布局，距离配置好，也可以通过相关技术，避免相互影响，更好地发挥其作用。

8. 建立长效管理机制

健全基础设施管理制度，规范管理工作。首先要完善管理条例，强化约束力，强化监督机制和奖励机制。学校可以通过社交媒体、学校广播、校园网站、宣传栏等多种手段和媒介，在校园内不断向广大师生及基础设施管理工作人员宣传和普及基础设施管理条例，加强宣传力度，强化管理者与被管理者的条例意识，保证工作人员工作效率。培养管理人员责任意识，提升其职业素养。首先规范用人选拔，确保管理人员专业性。其次，转变管理人员观念，培养其责任意识和合作意识，对管理人员进行职业技能培训，提升其专业素养。第三，创新管理方式，增强后勤部门活力。各部门要努力做到分工明确、相互协调、相互配合；采取分区、分片负责的管理方式；利用一些网络媒体、高科技电子设备等现代化的手段来进行有效管理；健全管理系统。

实 践 篇

第九章　社会工作毕业实习

第一节　社会工作毕业实习任务书

一、实验（实训）基本信息

课程名称	社会工作毕业实习	学　分	8
先修课程	个案工作、小组工作、社区工作、社会工作实务等		
适用专业	社会工作		

二、实验（实训）的总体要求

　　社会工作毕业实习是为提升学生社会工作综合实务能力设置的实践环节。帮助学生理解和分析社会工作专业中所包含的人生观和价值观，牢固地运用社会工作实践的基础知识，具备有效地介入个人、小组、组织和社区工作的技巧。在社会政策分析及问题解决过程中不断巩固和丰富专业知识与技巧。运用前人研究成果于自己所进行的社会工作思考与实践中，做到理论与实践的有机结合。

　　在实习的过程中，将项目进行的方法确定为行动研究，行动研究是一个螺旋式上升的过程，每一个螺旋发展都包括了"在现状中寻找问题—制订行动计划/策略—进行行动/策略—进行行动/推行行动计划—反思/总结/制订下一个行动计划"五个相互联系、相互影响的环节。并在此期间不断研究、实践、再研究、再实践，以行动来切实推行社会工作综合实务的发展。

三、课程实验（实训）任务

实训项目1：了解社会工作机构相关情况

学生前往社会工作机构了解社会工作机构的性质和类型，熟悉社会工作机构相关经营思想和战略方针，关注社会工作机构相关的制度形式和组织机构设置。

实训项目2：在机构各部门实习

了解社会工作相关部门的经营项目和内容，分析社会工作机构内外部经营环境，熟悉社会工作机构的政府管理、中观管理和自我管理。

实训项目3：社会工作机构的项目调研

学生以问题或需求为视角，做好机构的项目调研工作。第一，服务（活动）策划前的分析工作，包括：服务对象分析；问题分析；服务（活动）的逻辑推进步骤分析。第二，服务（活动）策划的过程，包括：确认社区需求；了解社区居民或服务对象的特征；订立工作目标；评估自身的能力；制定工作进度表；程序编排。

实训项目4：在机构开展社会工作服务

通过筹备阶段、服务阶段和结束阶段执行社会工作服务活动方案。运用社会工作方法介入服务人群。通过确定评估内容了解社会工作服务是否达到了预定目标，以及社会工作服务在执行过程中存在的优缺点。重点是总结方案设计情况，以及方案筹备、进行和结束等阶段的基本情况。

实训项目5：了解机构经营资源链接情况

学生通过开展社会工作服务活动，了解机构运营管理业务过程和手续，熟悉机构市场经营管理统计指标和业绩考核指标体系，从而分析和发现机构在经营管理活动中资源链接过程存在的问题，并提出自己的见解以及解决问题的措施或方案。

实训项目6：撰写毕业实习报告

按报告模板和社会工作服务项目实际情况撰写。

四、实验（实训）的考核方式

社会工作毕业实习考核总计 100 分，最终成绩按优、良、中、及格、不及格五个等级评定。90 分及以上为优秀，80～89 分为良好，70～79 分为中等，60～69 分为及格，59 分及以下为不及格。

平时成绩构成要素	所占比例	设置目标和效果
实习纪律	10%	约束和考核学生出勤状况，设置最低出勤标准
实习态度	10%	鼓励学生积极思考问题、参与教学实践互动，以及提出问题、创造性地解决问题
项目服务设计与执行	20%	学生是否能够正确使用社会工作理论和方法
	20%	开展社会工作实务过程
与机构团队合作	10%	与团队沟通合作情况
毕业报告质量	30%	考核学生项目报告的撰写质量，语言表述及格式、总结与反思、参考文献的质量

第二节　社会工作毕业实习指导书

实验 1　了解社会工作机构相关情况

1. 学时

10 学时。

2. 实验目的与要求

学生首先了解实习机构的性质和特征，机构的性质和特征决定着社会工作实务的功能和发展方向，可以通过到机构实地观察或者访谈得到以上信息。

3. 实验内容及步骤

（1）了解社会工作机构的性质。

学生可以将社会工作机构放在社会结构的模块中，放在社会组织的框架中来考量和研究其一般性质。

（2）了解社会工作机构的特征。

学生以制度化利他主义理论为视角分析社会工作机构的独特特征，以期对社会工作机构有一个基本的把握和认识。

4. 课后题

（1）如何把握社会工作机构的特征？

（2）如何理解社会工作机构的制度化利他主义的特征？

实验 2　在机构各部门实习

1. 学时

40 学时。

2. 实验目的与要求

学生根据社会工作机构的安排，分配到各个部门进行工作，主要了解社会工作机构相关的经营项目和内容，熟悉社会工作机构的政府管理、中观管理和自我管理，分析机构的内外部经营环境。

3. 实验内容及步骤

（1）根据社会工作机构实际需要服从工作安排。

（2）在各部门工作过程中了解其经营项目和内容。

（3）熟悉和学习机构政府管理、中观管理和自我管理。

（4）分析机构内外部经营环境。

4. 课后题

（1）社会工作机构政府管理、中观管理和自我管理三者之间关系是什么？

（2）如何分析机构内外部经营环境？

实验 3　社会工作机构的项目调研

1. 学时

40 学时。

2. 实验目的与要求

理解和运用需求分析工具分析项目中服务对象的需求，为项目开展提供调研数据。

3. 实验内容及步骤

需求分析较为常用的方法是布雷德绍提出的 4 种需要的类型：

（1）感觉性需求：指社区居民或服务对象感受到或意识到，并用言语表述出来的需要。

（2）表达性需求：指社区居民或服务对象把自身的感觉通过行动表达出来的需要，例如申请服务、排队等候服务等。

（3）规范性需求：指由专家学者、专业人士、政府行政官员评估而决定的需求。

（4）比较性需求：指社区居民或服务对象将所得到的服务与其他类似社区进行比较，而认为有所差别的需要。

4. 课后题

（1）4 种需求分析的异同之处有哪些？

（2）如何做项目需求评估？

实验4　在机构开展社会工作服务

1. 学时

40 学时。

2. 实验目的与要求

通过服务策划前的分析工作和服务策划的过程，在综合考虑各方面的实际情况，征求各方意见后，决定采取的活动内容和形式，并在机构开展社会工作服务。

3. 实验内容及步骤

社区服务（活动）设计的基本步骤如下。

（1）服务（活动）策划前的分析工作。

① 服务对象分析。例如社会工作者最有责任和使命服务的人群是谁？这个服务对象群体有多少人？服务群体中有多少人已经在接受服务？为什么有些服务对象没有接受或参与现有的服务？服务（活动）方案未来甄选服务对象的标准如何？预期服务（活动）中受益的人数有多少？

② 问题分析。例如社区中有哪些人受到问题的影响？哪些人在问题中获得好处？哪些人认为该情况是一个问题？导致问题的原因是什么？针对这个问题，目前提供了哪些服务（活动）？如果相关的服务（活动）停办，后果会怎样？如何改善现有的服务（活动）有效解决这个问题？

③ 服务（活动）的逻辑推进步骤分析。即界定和确认问题→确认要达到

的目标→选定评估的指标→寻找各种可行的方案→计算每个方案的成本（包括人力、物力、时间）→计算每个方案的成效→列举方案并进行比较分析。

（2）服务（活动）策划的过程。

第一步：确认社区需求。可以通过规范性需要、感觉性需要、表达性需要和比较性需要来界定社区需求。

第二步：了解社区居民或服务对象的特征。包括社区居民或服务对象的兴趣、特点、能力、生活习惯和方式、体闲时间的安排，以及与社区其他群体的关系等。

第三步：订立工作目标。这个目标应包括3方面内容：

一是清楚界定整个服务（活动）方案是以哪些人为服务对象。

二是清楚列出服务（活动）的内容。

三是表达出期望服务（活动）的成效，即社区居民或服务对象参与该服务后可能产生的改变。

第四步：评估自身的能力。这里主要是评估提供服务的机构及其工作人员的能力。

机构的能力主要是人、财、物的配置能力和合理的时间安排；

工作人员能力则是指其具有专业知识、技能等。

第五步：制定工作进度表。即将计划分为开始、推行和评估三个阶段，列出各阶段要完成的工作及其完成的期限，然后按照完成日期排列出先后次序，保证服务可以按照计划的时间来完成。

第六步：程序编排。方案设计了一系列与目标相关的活动，而且每个活动都有其具体的目标，因此要将这些活动一方面按照推行时间先后排出次序，另一方面还要根据服务活动的目标、场地（环境）、资源等要素进行编排。

（3）社区服务（活动）方案执行。

① 筹备阶段。筹备阶段主要进行的是人、财、物的配置以及服务（活动）的宣传和推广工作。

一是在经费筹措方面，主要途径有申请政府资金补助、向社会筹款，有些发展性和娱乐性项目也可以向服务对象或者居民合理收取一定的费用。

二是在人力安排上，应规划配置多少名专业社会工作者，要招募多少名志愿者来协助活动的开展。

三是在场地安排上，应考虑场地的面积和布置，灯光、音响、麦克风、电脑、投影仪等设备的安排，以及桌椅的数量及其摆放方式等。

四是在服务（活动）的宣传推广方面，首先要清楚向谁宣传，宣传的目的是什么，要传递的信息是什么，然后设计宣传策略和方法来吸引社区居民或服务对象的注意，激发其参加活动的兴趣。

② 服务或活动阶段。这个阶段主要开展的工作有预算管理、时间进度管理、服务品质管理、士气激励和提升。

一是预算管理：应本着节约和"量入为出"的原则，一方面要记录清楚收入，包括政府补助、社会捐赠、服务收费等；另一方面要记录清楚支出。

二是时间进度管理：包括整个服务（活动）安排的期限管理、服务（活动）各个阶段的进展时间管理和服务（活动）进行环节的时间管理。

三是服务品质管理：是指专业社会工作者对服务（活动）的可信度、及时性、同理心以及设施设备的管理，以确保服务的质量。

四是士气激励和提升：对提供服务和开展活动的专业社会工作者和志愿者的激励和士气提升，主要目的是增强其成就感，让其感觉自己的工作和付出是有价值的。具体方法是通过口头表扬、墙报表扬等形式，公布每个人的工作进展和成绩，通过光荣榜等形式表彰优秀社会工作者和优秀志愿者的工作成绩。

③ 结束阶段。一是经费报销；二是服务资料及时归档；三是对专业社会工作者和志愿者进行表彰；四是对服务（活动）成效进行评估，包括对服务（活动）过程和服务（活动）结果进行评估。

4. 课后题

（1）如何进行社区服务项目执行？

（2）如何进行社区服务项目管理？

实验 5　了解机构经营资源链接情况

1. 学时

30 学时。

2. 实验目的与要求

了解机构运营管理业务过程和手续，了解机构市场经营管理统计指标和业绩考核指标体系。尤其是体会在实务过程中资源链接者的角色扮演，通过链接并集中各类资源，以链接与服务的方式将各类资源发送出去。

3. 实验内容及步骤

（1）了解机构运营管理业务过程和手续。

（2）了解机构市场经营管理统计指标和业绩考核指标体系。

（3）充分理解在实务过程中资源链接者的角色扮演。

（4）分析机构在经营活动中存在的问题，并提出自己的见解以及相应解决对策。

4. 课后题

（1）社会工作机构的社会支持网络都有哪些？

（2）举例说明，资源链接者的角色对服务输送的功能。

三、考核方式

社会工作毕业实习总计100分，最后成绩按优、良、中、及格、不及格五个等级评定。90分及以上为优秀，80~89分为良好，70~79分为中等，60~69分为及格，59分及以下为不及格。

平时成绩构成要素	所占比例	设置目标和效果
实习纪律	10%	约束和考核学生出勤状况，设置最低出勤标准
实习态度	10%	鼓励学生积极思考问题、参与教学实践互动，以及提出问题、创造性地解决问题
项目服务设计与执行	20%	学生是否能够正确使用社会工作理论和方法
	20%	开展社会工作实务过程
与机构团队合作	10%	与团队沟通合作情况
材料撰写质量	30%	考核学生项目报告的撰写质量，语言表述及格式、总结与反思、参考文献的质量

四、建议学时分配

序号	教学内容	建议学时	备注
1	了解社会工作机构相关情况	10	
2	在机构各部门实习	40	
3	社会工作机构的项目调研	40	

表（续）

序号	教学内容	建议学时	备注
4	在机构开展社会工作服务	40	
5	了解机构经营资源链接情况	30	
学时合计		160	

第三节　社会工作毕业实习课程考核

课程考核改革方案

课程名称： 社会工作毕业实习

课程性质： □理论（含理实一体化课程）

☑实践（含实验、集中实训及其他实践教学课程）

授课对象： 社会工作专业　××-××班

学　　时： 160

学　　分： 8

一、考核内容

社会工作毕业实习是社会工作专业的必修课程，社会工作毕业实习是学生能够综合运用社会工作调研方法、介入方法和评估方法完成一项社区服务方案的设计和执行。以个人为单位，在所在实习机构开展社会工作项目设计和执行。主要实习内容包括以下几个方面。

（1）了解社会工作机构相关情况：前往社会工作机构了解社会工作机构的性质和类型，熟悉社会工作机构相关经营思想和战略方针，关注社会工作机构相关的制度形式和组织机构设置。

（2）在机构各部门实习：了解社会工作相关部门的经营项目和内容，分析社会工作机构内外部经营环境，熟悉社会工作机构的政府管理、中观管理和自我管理。

（3）社会工作机构的项目调研：学生以问题或需求为视角，做好机构的项目调研工作。第一，服务（活动）策划前的分析工作，包括：服务对象分析；问题分析；服务（活动）的逻辑推进步骤分析。第二，服务（活动）策划的过程，包括：确认社区需求；了解社区居民或服务对象的特征；订立工作目标；评估自身的能力；制定工作进度表；程序编排。

（4）在机构开展社会工作服务：通过筹备阶段、服务阶段和结束阶段执行社会工作服务活动方案。运用社会工作方法介入服务人群。通过确定评估内容了解社会工作服务是否达到了预定目标，以及社会工作服务在执行过程中存在的优缺点。重点是总结方案设计情况，以及方案筹备阶段、进行阶段和结束阶段的基本情况。

（5）了解机构经营资源链接情况：通过开展社会工作服务活动，了解机构运营管理业务过程和手续，熟悉机构市场经营管理统计指标和业绩考核指标体系，从而分析和发现机构在经营管理活动中资源链接过程存在的问题，并提出自己的见解以及解决问题的措施或方案。

二、成绩构成要素及评分标准

1. 课程成绩构成结构及比例

课程成绩构成为总成绩（100 分）= 个人考核评分（20 分）+ 实习过程考核评分（40 分）+ 与机构团队合作（10 分）+ 资料撰写评估考核评分（30 分）

2. 各构成评价的基本要素

个人考核评分 = 工作纪律（10 分）+ 工作态度（10 分）

实习过程考核评分 = 对服务对象的理解（20 分）+ 与服务对象建立关系（20 分）

与机构团队合作 = 10 分

资料撰写评估考核评分 = 材料质量（10 分）+ 材料完整性（10 分）+ 实习反思（10 分）

实习成绩为五级制，可划分优、良、中、及格、不及格五个级别。（90~100 分为优，80~89 分为良，70~79 分为中，60~69 分为及格，59 分及以下为不及格）。

3. 各基本要素的评价标准

各组指导老师参照评价标准，对每位同学打分，每位同学的实习表现都会影响得分。

具体评分标准如表9-1所示。

表9-1　社会工作毕业实习各要素评价标准

考核项目		主要观察点	评分标准	分值
个人考核（20分）	工作纪律（10分）	出勤情况：旷课扣2分/次；事假、迟到扣1分/次；病假不扣分	全勤未请假，无迟到、早退	10
			有1次早退或迟到或事假	8
			1次旷课或2次早退/迟到/请假	6
			旷课2次及以上；2次以上早退或迟到	5~1
	工作态度（10分）	实习态度是否端正、认真，实习过程中是否积极思考，作风严谨，勤学好问，遵守相关规定	态度端正，积极思考，遵守规定	10
			态度较端正，能够思考，较遵守规定	8
			态度基本端正，能够思考，基本遵守规定	6
			态度不端正，不进行思考，不遵守规定	5~1
实习过程考核（40分）	对服务对象的理解（20分）	是否理解服务对象的特征，鉴别服务对象的一般问题和需要	充分理解服务对象的特征，准确鉴别服务对象的一般问题和需要	20
			比较理解服务对象的特征，较好地鉴别服务对象的一般问题和需要	16
			基本理解服务对象的特征，基本鉴别服务对象的一般问题和需要	12
			对服务对象的理解模糊，不能鉴别服务对象的一般问题和需要	10~1
	与服务对象建立关系（20分）	尝试接触各类人群，理解亚文化的差异，促进服务对象自我表达	工作者接纳服务对象，顺利建立专业关系	20
			工作者较好地与服务对象建立专业关系	16
			工作者基本能够与服务对象建立专业关系	12
			工作者未能够与服务对象建立专业关系	10~1
与机构团队合作（10分）	与机构团队合作（10分）	能够与机构各部门工作人员合作共事	工作者与各部门成员合作顺利	10
			工作者与各部门成员合作较为顺利	8
			工作者与各部门成员合作一般	6
			工作者与各部门成员合作困难	4~1

表9-1(续)

考核项目		主要观察点	评分标准	分值
资料撰写(30分)	材料质量(10分)	相关材料撰写质量	相关材料撰写符合要求,质量高	10
			相关材料撰写较符合要求,质量较高	8
			相关材料撰写基本符合要求,质量一般	6
			相关材料撰写不符合要求,质量差	5~1
	材料完整性(10分)	实习报告撰写质量	观点正确、论述清晰、内容翔实	10
			观点较正确、论述较清晰、内容较翔实	8
			观点基本正确、论述基本清晰、内容基本翔实	6
			观点不正确、论述不清晰、内容不翔实	5~1
	实习反思(10分)	关于社会工作价值、技巧和社会工作角色扮演方面的反思	反思与总结详细、深刻	10
			反思与总结较详细、深刻	8
			反思与总结基本详细、深刻	6
			反思与总结不够详细、深刻	5~1

三、考核过程

（一）考核方式

考核采用实习汇报和实习报告相结合的方式。

（二）考核组织形式

考核组织形式为个人实习汇报和实习报告相结合。每名组员汇报实习主要内容、实习态度和实习过程表现,再结合实习报告质量进行考核。

第十章　社会工作毕业论文

第一节　社会工作毕业论文要求

一、毕业论文选题要求

毕业论文选题应遵循专业性、实践性、创新性、可行性和个性化的原则。

（一）专业性

论文题目要符合本专业培养目标，凸显本专业特色，使学生在专业知识应用方面得到比较全面的训练。结合社会实践设立题目，选题要有明确的针对性，切忌题目立意过大，内容空泛。通过做毕业论文，学生要具备运用所学专业知识解决实际问题的能力。

（二）实践性

论文题目应尽可能结合社会实践和科研实践，鼓励学院与政府部门、社区和社会组织联合拟定论文题目，符合要求的可采取联合指导的方式。毕业论文的选题要注重与实际服务项目结合，并体现出一定的综合性。

（三）创新性

论文题目应突出创新性，要结合学科创新、意识创新和服务创新，使论文题目在难度适中的情况下尽可能地反映社会治理创新和社会服务创新的需要。

（四）可行性

论文题目要具有可行性，符合本科生知识、能力、水平和工作条件的实际，切实满足本科毕业论文工作量的要求，避免过多和过少两个极端。保证学生在规定时间内通过努力能够完成任务或取得阶段性成果。

（五）个性化

论文题目要体现因材施教的教育方针，避免千篇一律，鼓励学生根据兴趣在教师指导下自拟题目，并创造性地开展工作，同时鼓励学生根据兴趣参与教师的科研课题，使不同能力和水平的学生都能得到较大的提高。

二、毕业论文指导教师要求

（1）确定题目，填报毕业论文课题选题表。

（2）准备资料，落实调研单位，填写毕业论文任务书，明确课题的目的、性质、内容、原始数据及要求等。

（3）指导学生拟订毕业论文的工作计划，填写毕业论文课题进度计划表，作为平时检查和考核的依据。

（4）审定学生拟定的研究方案或开题报告。定期检查学生的工作进度和质量，按时进行答疑指导。

（5）指导学生撰写毕业论文。

（6）在毕业论文结束阶段，按任务书和毕业论文的规范要求，检查学生任务完成情况。

（7）指导学生做答辩准备，并参加毕业论文的答辩工作。

（8）指导学生做好毕业论文的工作总结，并根据学生的工作态度、工作能力、毕业论文质量，实事求是地写出考核评语。

三、毕业论文完成任务

学生在毕业设计期间需要完成的工作如下：

• 毕业论文课题选题表
• 毕业论文任务书
• 毕业论文进度计划与考核表
• 毕业论文开题报告
• 外文翻译
• 毕业论文
• 毕业论文答辩申请书

其中毕业论文课题选题表由学生和指导教师共同完成，确认毕业论文题目；完成外文翻译，将英文翻译成中文，英文原文不少于1万字，译出的汉字不少于3000字，译文内容必须与课题或专业内容相关，译文与指导教师确认后进行翻译。所有毕业论文需通过中国知网大学生论文检测系统进行查重，且重复率不超过30%。论文正文不少于12000字。

四、毕业论文详细要求

通过毕业论文，学生可以在实践的过程中学习和理解所学的专业知识，培养学生综合运用理论知识和专业技能的能力，学会分析和解决服务对象的实际问题，并熟悉其工作程序和方法，为今后走上工作岗位打下扎实的基础。毕业论文选题应该体现应用型的培养目标。毕业论文根据选题类型的不同，在研究方式与方法、论文结构与内容上稍有不同。各毕业论文方向的详细要求如下。

（一）调查研究类

1. 选题要求

研究对象及问题具体明确，用副标题限定调查对象范围或地域范围。

2. 技术要求

需要体现社会调查研究方式的特点：提出问题、概念操作化、问卷设计、抽样方案设计、资料收集方法和定量分析方法、SPSS 统计软件应用；或者体现实地研究方式特点：深入研究对象、个案研究、观察法、访谈法、定性资料分析法。

3. 内容要求

重要概念界定明确；描述研究对象基本信息；运用数据、图表、文字对现状及问题进行清晰描述，从多个维度分析问题产生的原因；从多个维度提出具体可行的对策建议。

（二）工作方法应用类

1. 选题要求

要求选题具有针对性，明确指出社会工作方法介入的群体及该群体面临的问题、困境，回应该群体的需求。

2. 技术要求

能够体现社会工作专业价值，以社会工作专业理论为基础，运用个案工作、小组工作和社区工作方法，能够按照社会工作项目的运作流程开展服务项目。

3. 内容要求

要求此类论文能够体现社会工作介入的过程，并体现不同阶段重点的工作技巧、工作内容，且能够展现工作者对介入实践的专业反思。

第二节　社会工作毕业论文案例

社会工作介入失独家庭服务研究
——以天津市失独家庭帮扶项目为例

摘　要

中国实行了长达30多年的计划生育政策，由此产生的独生子女家庭数量相当庞大。因为意外和疾病，每年会产生数万个失独家庭，其社会问题也逐渐凸显出来。失独家庭尤其是失独老人长期面临着生理、心理、生活和社会方面的压力和困难。在对此弱势群体的实际帮扶上，政府还需完善对失独家庭的相关帮扶政策，社会各界也需要更加关注失独家庭，为失独老人提供支持。本研究以天津市某镇的失独家庭为服务对象，运用社会工作专业方法协助失独家庭解决困难。社会工作者从心理、生理、社会三个维度出发，通过观察法和访谈法收集失独家庭的资料，了解到失独家庭具有心理健康，身体健康，社交参与、兴趣发展，生活辅助、医疗辅助四项需求。在马斯洛需要层次理论、社会支持理论和优势视角理论的指导下，工作者综合运用个案工作、小组工作方法，为服务对象提供健康救助、生活辅助、心理疏导、暖心陪伴等综合性的社工服务。通过帮扶，协助失独家庭建立社会支持网络，使失独老人走出丧亲的阴影，积极面对生活并恢复正常的社交，融入社会。

关键词：失独家庭；社会工作；社会支持

目　录

第1章 绪 论

我国政府在20世纪70年代初推行计划生育政策，独生子女数量开始大幅增长，人口学专家根据第六次人口普查数据统计，从实施计划生育政策至2010年，共产生了2.18亿个独生子女家庭。因此独生子女死亡所产生的中国失独家庭数量也在激增，在2010年达到84.1万户，2020年更突破百万户，每年约产生7.6万个失独家庭。所谓"失独家庭"，是指独生子女死亡，其父母不再生育、不能再生育和不愿意收养子女的家庭，是中国家庭类型之一，也是现存于社会中的一种现象。随着时间的推移，失独家庭逐渐受到社会上的关注，其在某种层面上的社会问题不可忽视。个人层面上，失独老人面临着如精神崩溃、封闭自卑，身体状况差，家庭解体等问题；社会层面上，被社会接纳程度较低，社会支持力度较弱；制度与经济层面上，因扶助政策的不完善所带来的经济压力大，面临着养老需求、医疗需求得不到满足等问题。失独家庭面对多重困境，急需得到社会上的帮助。

本研究以天津市某镇失独家庭为服务对象，在马斯洛的需求层次理论、社会支持理论、优势视角理论的指导下，根据需求评估研究分析失独家庭的困境及需求。运用个案工作和小组工作方法，为失独家庭提供专业性服务，解决失独老人现存的心理、生理、社会方面问题。为失独老人建立个人服务档案，提供生活服务、暖心陪伴、心理疏导、保健养生、文娱活动等服务。不仅能够及时掌握失独家庭老人的身体状况、心理健康状态，及时回应失独家庭的真实需求，使失独家庭树立积极阳光的心态，正确认识自己，走出悲伤，提高信心，增添更多的生活希望。促进失独老人社交，构建并拥有社会支持网络和社会资源，缓解失独老人在生活方面的困难。

第 2 章　项目需求评估

2.1　天津市失独家庭基本情况介绍

天津市失独家庭项目为特定区域失独家庭提供服务，截至 2020 年 12 月，项目覆盖津南区咸水沽镇共计 32 个村居，服务对象 117 人。主要分布在宝业社区 2 人、北洋村 4 人、池稻地村 2 人、东张庄村 3 人、二道桥村 2 人、沽上江南社区 6 人、光明楼社区 2 人、韩城桥村 1 人、红旗楼社区 2 人、红星里社区 12 人、惠苑里社区 8 人、金石里社区 5 人、刘家码头村 1 人、米兰社区 5 人、南洋村 11 人、秦庄子村 4 人、上刘庄村 1 人、胜利村 2 人、四里沽村 1 人、王家场村 1 人、吴稻地村 1 人、五登房村 4 人、下郭庄村 1 人、祥福里社区 1 人、新兴里村 6 人、新业里社区 6 人、益华里社区 6 人、永安里社区 4 人、育才里社区 5 人、苑庄子村 2 人、众合里社区 5 人，以及周辛庄村 1 人。

服务失独家庭 73 户，其中以女性居多，共 61 人，占总人数的 52.1%，男性 56 人，占总人数的 47.9%。老人年龄主要集中在 50—78 岁，平均年龄为 61 周岁。其中夫妻家庭有 44 户，单身男性有 12 户，单身女性 17 户，三个分别占调查户数的 60.27%，16.44%，23.29%，达到天津市某镇失独家庭服务全覆盖。

2.2　天津市失独群体特点及困境

身体健康状况差，病患情况普遍。从整体来看，失独群体年龄普遍较大，平均年龄为 61 周岁。部分老人体弱多病，身体行动不便，大多患有不同程度的慢性疾病。其中情况比较严重的有患脑梗多次住院的刘某、瘫痪卧床的王某、患有癌症的宁某等。生理方面，身体状况的不乐观是导致失独家庭面临困境的原因之一。

遭遇精神打击，内心孤独封闭。失独群体老人普遍经历了精神打击，内心大多孤独寂寞，失去子女的创伤使老人们情绪不稳定，极度消极，长期陷于哀痛，逐渐产生心理问题。在观察中发现，部分老人会提及伤心往事，并会影响到小组其他老人。内心的无法释怀及压抑会直接影响失独老人的个人状况及未来社会生活。

渴望交往又畏惧交往，存在社交障碍。失独老人一方面害怕与外界接触，怕触景生情勾起往事，另一方面又渴望融入社会群体，获得情感慰藉。老人对于社会交往存有自卑心理，害怕被外人指指点点，长期的自我封闭使他们社会化功能逐渐减退。

服务对象封闭的生活方式及心态。在社工服务介入前，30%服务对象拒绝社工上门探访、活动邀请、电话访问等关怀服务，表示不愿意陌生人到家里或看到有相同遭遇的人，因此在前期准备上需要做大量基础工作，逐渐使服务对象了解并接受社工帮助。

2.3 项目需求评估方法及结果分析

2.3.1 需求评估方法

（1）观察法

工作者走进服务对象即失独老人家庭，通过与失独老人进行交流，近距离观察，体会失独老人的想法、情感和行为表现，从工作者与失独老人交流、失独家庭间的互动中了解和发现服务对象存在哪些方面的困境，有哪些直接的需求等情况。通过具体观察，积极地与服务对象交流，与老人建立良好的关系，在此过程中，工作者收集相关资料，做好相应记录工作。

（2）访谈法

工作者对每户失独家庭进行结构式访谈，在访谈中了解老人在身体健康、心理健康、社交参与、生活辅助等方面的情况，收集老人经济状况、家庭关系、婚姻状况、居住状况等信息。再通过非结构式访谈了解及倾听每户失独家庭老人的不同生活情况及经历感受，综合分析失独家庭需求，得出相应的结论。针对不同服务对象的具体情况，包括现居住地未在某范围内、入户时未在家中或不便访谈等原因，对未接受访谈过程的家庭进行电话访问来了解信息及现状。

2.3.2 需求评估结果分析

表 2.1 失独家庭基本信息

访谈对象	性别	年龄（岁）	婚姻状况	职业
A	女	57	已婚	个体
B	女	67	丧偶	退休
C	女	59	离异	教师

表2.1(续)

访谈对象	性别	年龄（岁）	婚姻状况	职业
D	男	53	离异	个体
E	男	72	丧偶	退休
F	女	67	丧偶	退休
G	男	69	已婚	保安
H	男	59	丧偶	无
I	女	63	已婚	退休
J	男	53	离异	厨师
K	男	59	已婚	退休
L	女	55	已婚	退休
M	女	52	离异	保险销售
N	男	74	已婚	退休
O	男	69	离异	无

通过天津市失独家庭帮扶项目前期的观察以及与15户失独家庭的访谈，了解到失独家庭老人在身体健康、心理健康、社交参与、生活辅助等方面的情况，收集了服务对象经济状况、婚姻状况、居住状况等信息。

目前部分失独家庭老人已退休，每月获得退休金。少部分老人就业，获得固定工资，并且每户家庭得到政府补助，因此了解到失独家庭在经济问题上较小，就业需求方面较少。根据访谈结果统计，失独家庭在心理健康、生理健康、社交参与和生活方面有着一致的需求。失独家庭老人的需求除必需的居家服务需求外，心理需求、社交需求被失独家庭老人列入前列。其中有心理需求的失独家庭老人共74名，占总人数63.2%；有社交需求的失独家庭老人36名，占总人数30.7%；有其他需求的失独家庭老人7名，占总人数的6.1%。失独家庭主要四项需求如下。

（1）心理健康需求

失独老人认知的改变。在访谈过程中，工作者对失独老人在未来生活的期许方面提出了问题，根据访谈对象的回答表现出失独老人自身存在着不合理的认知。老人O表示"我都多大岁数了，每天就这样过着，没有想法。再活那么几年吧，没有啥希望。"老人B提到"我都没有孩子了，还有什么希望呢，就这样吧。"很多老人在对自身和未来生活上存在着不合理的认知，认为失去了孩子就是失去了一切，生活没有意义，导致老人们消极地面对生活，影响其行为的改变。所以，在为失独老人提供服务前，改变老人不合理的认知是首要任务，让失独老人接受帮助，改变自己。

失独老人情绪的调整。失独老人在经历过失去独生子女事件后，经历了长期的内心痛苦，因未及时进行调整，使大部分老人出现消极情绪，悲观、压抑地生活。在与老人L进行访谈的过程中了解到，老人在失去孩子的两年时间中久久不能释怀，拒绝接受社工的帮助。在前期与老人接触中采取电话访问方式，在访谈过程中，老人更多以哭诉的形式进行表达，自身情绪经常失控。在群体性活动中，也会出现多位老人互诉孩子情况，导致现场氛围较为苦闷、低沉。因此，及时发现，调整老人情绪问题是最为重要的服务之一，以保障失独老人的心理健康。

（2）身体健康需求

健康体检。失独老人年龄普遍较大，多位老人患有慢性疾病，在眼、耳、心脏、四肢等部位出现不同程度的问题，需要在特定医疗机构和组织下进行疾病检查。在访谈过程中老人I提到："麻烦你们能够组织，带大家进行一次身体检查，一年一次就好，我们可以自费，检查一遍身体。"有明显身体健康意识的老人对社工提出了体检的需求，以便及时发现身体问题。

日常保健，健康普及。在访谈中发现很多失独老人在健康问题上的关注度较高，并且存在着对此问题的不了解，对如何医治、缓解病痛的认识上较少。老人M表示："我现在胃口越来越不好，喝了几年中药喝坏了胃口，现在还长了肌瘤，身体差的不知道怎么治。"许多老人也表示不经常外出，腿部患有关节炎等疾病，在护理上也不知如何保护，希望工作者提供简单的医疗条件，并且普及健康知识，使失独老人自己能够调整身体状况。

（3）社交参与、兴趣发展需求

参与社会活动。通过观察以及在与老人的访谈过程中了解到，大部分老人在前期阶段的个人发展以及社会参与方面较少，更多在家庭、工作单位的范围内进行活动。老人J提到："我现在在家附近的酒店工作，中午有时间休息，很少有时间出去。"老人C表示："我也想出去遛一遛，但碰见的人都会说自己家的孩子，孙子孙女的。我也不说嘛，看见他们，我就去其他的地方。"在与多位老人交谈后发现，部分老人表明愿意与外人交流，但受个人工作及受周围人的影响使社会参与减少，所以大部分失独老人愿意参与社工举行的活动，并且与社工相互交流。

发展兴趣爱好。老人 I 提到：“我现在在老年大学学习书法、绘画和太极。平常也在自己小区的广场进行晨练，和其他人一起做锻炼。”其他老人也会表示自己平时的业余爱好，阿姨们的兴趣更为广泛，叔叔们在手工方面更加有兴趣，所以老人们都希望在生活上有更多的文娱活动。

（4）生活辅助、医疗辅助需求

家庭保洁。老人 E 关于生活家政进行了交流，提到了“我身体不太方便，过年过节收拾房屋，擦玻璃很难。”大部分老人在对家庭保洁服务的需求上有一致的要求，希望能够得到生活帮助，解决房屋清扫方面的问题。

生活陪伴。在访谈中，失独老人在保险业务、生活咨询等方面对社工进行了提问，社工对此进行了简单的介绍，从中得知老人们在生活中存在着很多大大小小方面的问题。如老人 K 提及：“现在疫情期间，我去银行要坐公交车，公交车和银行都需要绿码，我自己不会就都没去办理。”所以，失独老人需要在生活上得到更多的帮助。

医疗陪伴。老人 A 表示：“我与老伴身体状况较差，他视力较弱，看不清字。我行动不便，搭伴去也很费劲，不好去市医院进行检查、买药，很是个问题。”许多老人也反映在就医的过程中存在不便，对前往医院的路线，对医疗设备、如何买药、使用医保等问题存在障碍，所以希望能够有人陪伴。

第 3 章　项目设计

3.1　理论基础

3.1.1　马斯洛需要层次理论

马斯洛需求层次理论提出人类具有从低到高的五个层次的需要，分别是生理需求、安全需求、情感和归属的需求、尊重的需求以及自我实现的需求。生理需求和安全需求只能维持个体生命的存在所需，但个体幸福感的提升更多依赖于情感、尊重和自我实现需求的满足，在低层次需求不能得到满足的基础上不会产生高层次的需求。失去独生子女首先带给家庭的是情感需求和安全需求的匮乏，因此，失独家庭的幸福感也会大大减少，工作者在帮扶上要尽量满足其在安全和情感上的需求。

3.1.2 社会支持理论

社会支持理论主要分为正式的社会支持和非正式的社会支持。正式的社会支持主要是指由政府或者正式组织主导的支持与帮助。非正式的社会支持是指家庭中的成员给予的关心与爱护。根据社会支持理论的观点，一个人所拥有的社会支持网络越大，那么这个人就能够更好地应付社会上的其他困难，故而以社会支持理论取向的社会工作，通过加强或改善个人的社会支持网络的作用，帮助他们扩大社会网络资源，提升应对社会困难的能力。对于计生特困家庭群体而言，他们需要倾听、需要倾诉，更加需要心理上的安抚，所以加强他们的社会支持网络是不可或缺的。在社工的帮助下，协助失独家庭链接社会资源，在各项服务和活动中获得来自同辈群体即团体成员的支持。通过工作者和社会志愿者以及政府部门和社区等多方的资源，失独家庭可以得到更多的帮助。

3.1.3 优势视角理论

每个人都有自己解决问题的能力，并在有压力的环境中生存下来的抗逆性。即便是处于困难与备受煎熬的个体，也具有他们自己从来不知道的潜在的自身优势。运用社会工作的优势视角理论思考问题时，并不是要刻意地去回避不足之处，而是换一种角度出发，挖掘以及协助案主自身的潜能，以及帮助案主发现自身可以利用的资源，使问题对于服务对象不再存有威胁性。

本研究中，工作者将优势视角理论贯穿于整个服务过程中，重点发现服务对象的发现问题、分析问题和解决问题的能力，并引导失独老人分析解决自身问题。发现服务对象自身拥有的技能，在团体中，寻找有较高组织能力、积极乐观的组员，并发掘其优势，可以在团体中正向影响其他小组成员，发挥积极作用，使更多的失独家庭发现自身的优势以及环境的优势，促进失独老人群体融入社会。

3.2 项目目标

3.2.1 总体目标

在为天津市失独家庭提供其所需服务的基础上，引进专业力量为失独家庭提供全方位、多元化、个性化的服务，促进他们的身心健康发展，提高社会适应能力，提高他们的生活质量，缓解失独老人的悲伤情绪。为失独家庭整合现有资源，实施"综融性社会工作"，帮他们联系各方志愿者信息、链接社会资源，从而提供系统的"私人订制"式的支持服务。

3.2.2 具体目标

① 为失独家庭提供居家服务，协助失独老人解决日常生活上的困难。

② 通过心理辅导帮助失独家庭老人树立积极阳光的心态，正确认识自己，走出悲伤，增强老人的信心，让他们对生活充满希望。

③ 通过开展团体活动促进失独老人交往，为其构建社会支持网络，建立互助平台，帮助老人减压，提高家庭凝聚力，增添幸福感。

④ 通过链接社会资源，为失独老人提供义诊服务及健康讲座，促进老人身心健康发展。

3.3 项目服务内容

跟踪失独老人信息，更新服务档案。经过 2019 年度对失独老人的服务，社工已基本获得服务对象的认可，已为 73 户失独家庭对象建立了包括基本信息、家庭经济状况、家庭关系、婚姻关系、居住状况、兴趣爱好及社交情况、健康状况、老人需求评估等信息在内的老人档案以及包括入户探访、家政服务、电话访问、志愿者服务、主题活动服务等在内的各项跟踪服务记录。2020 年在掌握失独家庭服务对象基本情况的基础上，继续通过个案走访、入户探访等了解失独家庭的基本情况变化、家庭经济保障情况、身体状况、心理状况、个人爱好状况的变化和目前家庭面临的最大困难和需求以及对今后养老问题的设想、愿景，跟踪、更新失独家庭老人服务信息，动态了解老人的服务需求。

生活服务。社工联系专业家政人员定期为失独家庭进行家居清洁、擦玻璃服务，为失独老人创造出舒适卫生的生活环境。及时提供如更换灯泡、日常修理等日常服务，满足失独家庭基本生活需求，减轻生活困难。及时提供代买代购代缴等生活辅助服务，为老人生活提供便利。

暖心陪伴。在老人有需要时，陪伴老人参与各种社会活动。在老人有突发情况时，及时陪伴在身边，给予老人精神上的支持。例如：老人有日常修理、缴水费电费、购物的需求可以为老人提供陪伴。生病陪伴。采取"社工+志愿者"模式为特扶家庭老人提供辅助就医服务，其中包括医院排队取号、诊前提醒、就诊陪伴、预约检查、取送报告、诊后关爱等服务，在老人生病期间给予全程帮助。

心理疏导。陪伴，是失独家庭心理疏导的主要方式。在被接纳的基础上，发现和校正老人的不合理、非理性认知。对处于哀伤期老人进行哀伤辅导、心理创伤包扎、面向未来辅导等帮助其走出丧亲痛苦。协助老人掌握情绪调试方法，提高老人的自我管理、人际交往能力。提供长期伴随式服务，社工定期通过电话进行问候，逢年过节上门慰问。定期入户探访，与老人谈心，识别老人的认知和情绪问题并提供一对一辅导。运用团体沙盘辅导等方法对老人面临的情绪问题进行疏泄和引导，重构积极的自我价值感。

保健养生。为失独老人开展健康养生讲座，使老人适应老年生活，维系老人活力，对老人的生活和健康起到指导作用。帮助老人建立健康的生活方式，教会老人管理自己健康，提升健康水平。服务人员协助老人办理家庭医生签约、协助老人完成每年一次的健康体检等医疗辅助服务。

文娱活动。开展插花、手工、绘画等多样化的文化娱乐活动，让老人能够释放自我，缓解生活中的不良情绪。组建失独家庭间的互助小组，开展符合老人兴趣爱好的兴趣小组，让老人重拾以往的兴趣爱好，同时挖掘新的兴趣点，丰富老人的文化业余生活。组织大型团体出游活动，让老人走出自己的生活圈，加强与同辈群体的交流，获得情感上的支持与鼓励，同时让老人在大自然中释放生活的压力。组织开展各项康娱活动，观察发觉适度群体中有领导能力、组织能力、生活态度积极向上的领袖骨干力量，达到自我组织、自我服务的服务效果，实现助人自助。

3.4　项目活动计划

表 3.1　项目总体实施计划

阶段	时间	内容
项目准备期	2019 年 10 月—12 月	项目前期人力、物力及资金的准备工作，为活动链接资源，协调活动时间和地点，了解服务对象基本情况
项目执行期	2020 年 1 月—12 月	开展以月为单位的大型主题活动，邀请服务对象参加定期为服务对象提供的个体化服务
项目跟进及回访期	2020 年 1 月—12 月	对服务对象进行跟踪回访，了解服务对象在参加活动后的情况
项目评估期	2020 年 12 月	通过观察以及访谈的方式对项目进行评估
项目总结期	2020 年 12 月	整理项目的相关资料，对项目的开展进行总结

表3.2　失独家庭帮扶小组活动一览表

活动时间	活动主题	活动内容
1月	"喜迎新春佳节，情暖特扶人心"——欢度春节活动	① 游戏环节 ② 情景剧展示、才艺表演 ③ 新年祝福
2月	"巧手剪窗花"——小组手工活动	① 游戏环节 ② 剪纸环节
3月	"美丽生活，快乐制'皂'"——DIY手工皂活动	① 社工教授手工皂制作过程与方法 ② 老人制作手工皂
4月	"人间四月天，欢乐飘满园"——春季踏青采摘活动	① 参观农业示范园区 ② 采摘蔬果 ③ 合影留念
5月	"释放夕阳风采，汇聚笑脸彩虹"——塘沽临港湿地公园游玩活动	① 景区游览 ② 开展活动
6月	"情浓端午，粽享真情"——关爱老人端午节活动	① 制作粽子
7月	"花艺生活，回归自然"插花活动	① 培训老师讲解插花知识，手工制作 ② 卡片寄语
8月	"浓情八月，健康关怀"健康养生主题讲座	① 医师讲授相关健康知识 ② 对老人自身健康问题进行讲解与指导
9月	"吃月饼，享温情"主题活动	① 暖身游戏，老人表演节目 ② 社工送月饼
10月	"烘享甜蜜，焙感幸福"趣味活动	① 社工讲解烘焙步骤 ② 老人手工制作
11月	"与叶共舞"树叶贴画活动	① 社工展示贴画，制作指导 ② 老人手工制作
12月	"包饺子，聚温暖"冬至主题活动	① 社工与老人共同包饺子，煮饺子 ② 集体用餐

表 3.3　失独家庭帮扶个案活动一览表

活动时间	活动主题	活动内容
1—12 月	个案访谈	① 了解老人近况及需求 ② 解决各方面问题 ③ 实时记录
1—12 月	生活陪同	① 办理生活业务 ② 医院就医陪同
5 月、11 月	家政服务（家庭保洁）	① 联系家政公司 ② 上门服务 ③ 意见反馈

第 4 章　项目实施过程

4.1　前期准备工作

人员配备方面，由项目负责人、一线社工、心理咨询师、执业医师成员组成，配有具有专业资质的人员和合作医疗机构，人员、组织分工合理，职责明确，主要负责人决定重要事件。项目负责人履行项目整体策划及管理工作，社工运用专业方法为失独家庭提供服务，解决问题。在特殊情况下，由心理咨询师及医师提供及时帮助，解决服务对象生理、心理问题。同时服务机构在社会召集志愿者，为服务对象提供帮助。

物资方面，社会工作服务中心承接天津市津南区某镇卫生和计划生育单位委托的失独家庭帮扶项目，双方已达成所需资金、物品配置由服务机构购买并使用。

宣传方面，通过网络媒体工具进行线上活动宣传，在镇政府相关部门、社会服务组织孵化中心、各大高校等地通过设立展板、现场咨询、开展讲座、发放宣传资料等形式进行线下活动宣传，使更多的社会人士了解社会服务项目。

服务对象方面，以天津市失独家庭帮扶项目承接的某镇失独家庭为服务对象，相关信息由政府提供。在取得联系的情况下，社工进行访谈工作，争取失独家庭的信任，收集具体信息，邀请失独家庭参与到项目活动中。

活动链接方面，社工策划活动具体方案，配备各项活动所需物品。各活动场地由服务机构与社区、社会组织孵化中心进行协商，保障活动有序开展。

4.2　项目实施

4.2.1　个案活动

社工恪守社会工作职业操守，为有需要的服务对象提供及时有效的个案服务。初步评估失独家庭老人需要，界定服务对象所需服务，判定是否符合开案的条件，并分别进行相关的工作。对于符合开案的服务对象，社工初步了解基本情况，并填写相关表格，如接案信息表、个案基本资料表等。在经过督导审批后，社工需制订个案工作计划，并按照计划进行个案服务。

访谈工作。由两名社工入户，与各失独家庭进行交流沟通。根据访谈提纲了解失独老人近况、需求及问题。涉及心理、生理问题，社工在场进行帮助，及时调整服务对象状态。失独老人情况不便时，社工采取电话访问方式进行了解，社工做好相应记录工作，整理归档。

陪同工作。服务对象对社工反映自身问题及需求，社工在与失独老人沟通协调下进行帮助。如办理生活业务，社工陪同老人进行相关办理，解决生活问题。医院陪同，因老人身体不便或路途较远，社工陪伴老人前往医院治疗，出院后进行跟踪工作。陪同服务涉及记录工作，将失独老人具体情况记录在册，以便进行后期工作，了解老人状况。

家政服务。根据失独家庭居家服务需求，社工与服务对象进行了服务沟通，在一致意愿下社工与家政服务公司达成合作。在相应服务时间下，由家政中心提供人员及工作设备为各户失独家庭进行家庭保洁服务。在服务工作中，老人可向家政人员及社工提出建议，以提高服务质量，社工从中发挥协调、促进作用。

在各项个案服务中，社工做好相应记录工作，并进行后期跟踪回访，按照档案管理的要求进行个案资料的更新，归档整理。

4.2.2　小组活动

"喜迎新春佳节，情暖特扶人心"——欢度春节活动中，社工组织失独老人集体过春节，帮助他们走出家门，逐渐恢复社交的能力，鼓励老人主动调整心态。活动开展中，热身游戏"你画我猜"为老人带来乐趣，使每组老人懂得协同合作，促进组员沟通，结交伴友。根据前期社工准备的情景剧剧本，组织老人彩排，在正式活动中进行情景剧展示，并现场邀请老人即兴表演才艺，使老人感受团体氛围。社工邀请老人诉说新年祝福，老人们积极参与，体会暖心节日。

"巧手剪窗花"——小组手工活动中，社工带领老人参与"大西瓜小西瓜"游戏，由老人共同参与完成一项任务，拉近老人之间的距离，从而培养解决问题的能力。根据社工提前准备好的剪纸材料及教程，社工组织老人开始剪纸活动。在制作过程中，工作者发现部分老人在手工制作上具有优势，并对手工活动有着浓厚的兴趣。所以在组员出现制作问题时，社工提供必要的帮助外，重点突出团体内成员的互帮互助，让有手工技能的老人帮助其他成员。不仅使组内氛围和谐、组员团结，而且使老人发现其自身具有的优点，愿意为他人提供帮助。在遇到老人划伤情况下，社工使用提前准备的急救箱为老人进行包扎。剪纸完成后，展示各位老人的作品，进行互动交流。

"美丽生活，快乐制'皂'"——DIY手工皂活动吸引了喜爱手工活动的老人，老人参与性高，在前期社工讲授制作环节中，老人积极倾听。在制作中，以组为单位，老人根据兴趣爱好选择社工分发的制作模具、色素、香精等材料。叔叔阿姨分工合作，将液体倒入模具，最终待冷化脱模后，社工分发精美纸盒，老人进行包装。此次活动不仅锻炼了老人的动手能力，而且更加促进组员间的沟通，增加对彼此的熟悉感。

"人间四月天，欢乐飘满园"——春季踏青采摘活动，社工联系老人，统计参加活动人数组织开展户外活动。社工带领老人参观农业示范园区，由园区工作者进行介绍，使老人了解农业相关知识。工作者在前期准备活动中，联系并组织团体中积极性高的成员，发挥其在组织中带领组员的作用，使各小组在后期采摘活动中秩序井然，与工作者共同组织成员在相应区域挑取蔬果，在当地制作品尝绿色健康食物。社工鼓励老人走出家门，亲近大自然，放松心情，感受春天气息。老人在整体参与过程中反应热情，对户外活动兴趣较高。

"释放夕阳风采，汇聚笑脸彩虹"——塘沽临港湿地公园游玩活动中，在老人表达参与意愿及时间统筹下，社工进行统计，组织开展活动。社工带领老人游览景区，参观公园各项设施环境。老人认真欣赏，并纷纷拍照留念。在规定场合下，社工组织开展活动，放松老人心情，改善精神状态。

"情浓端午，粽享真情"——关爱老人端午节活动中，社工组织老人参加包粽子活动。在前期准备工作中，社工购买相应材料，布置活动现场。待老人到达现场后，由社工讲授包粽子步骤，老人之间互帮互助，解决制作问题，最后进行品尝，使老人感受节日暖心氛围，感受到互帮互助的传统美德，鼓励老人们乐观开朗，积极融入团体中。

"花艺生活，回归自然"插花活动中，社工购买花艺制作的相应材料，待培训老师讲解插花知识后，社工为每组分发制作材料及相关工具。组织开始手工制作环节，老人挑选花束，社工及时提供帮助。待作品完成后，再由社工分发卡片，让老人写下生活寄语，挂在成品上，合影留念。在整体活动中，阿姨们积极性较高，在制作中追求美，氛围融合，并在活动结束后，将成品摆放在家中。

"浓情八月，健康关怀"健康养生主题讲座活动中，医师讲授相关健康知识，涉及老年人各种疾病，增加老人对疾病的认识，学会"自助"。然后老师根据在场老人的自身健康问题进行讲解与指导，在社工的协同下，教授方法。同时，社工邀请具有健康常识的组内成员为大家进行分享，将自身问题以及解决对策分享给在座的老人，让老人学习到更加生活化的治疗缓解方法，在社工、医师和组员的共同努力下为失独老人送去健康新理念、新知识，提高自我保健意识和健康水平。

"吃月饼，享温情"主题活动中，社工组织老人参加"开火车""耳语传真"游戏，增强现场活动氛围。再为老人展示由志愿者与社工表演的节目，现场邀请老人参与到活动中，提高老人们的积极性，丰富老人精神文化生活。最后由社工分发中秋礼物，使老人感受中华传统文化的魅力，增强老人的归属感，组织大家共同分享品尝月饼的喜悦。

"烘享甜蜜，焙感幸福"趣味活动中，社工前期准备工作中做好了相应的物品采购，为老人提供材料。由社工讲解烘焙基本步骤，如何配比材料以及烘焙过程中的注意事项，让老人了解并学会制作步骤。在社工的帮助下，老人进行手工制作，待蛋糕完成后进行包装，品尝。社工组织老人开展一次烘焙体验活动，使老人感受到烘焙的乐趣，并进一步丰富老人业余文化生活。

"与叶共舞"树叶贴画活动中，社工在前期工作收集了各种各样的树叶，配备相应制作材料。活动开始，社工展示自制树叶贴画作品，作为作品模板。讲授制作指导后，老人挑选贴画图片进行手工制作，为作品起名称，裱框，最后合影留念。此次活动调动了老人的童趣，锻炼了老人的动手动脑能力，激发其创新思维。

"包饺子，聚温暖"冬至主题活动，社工组织老人在冬至当天开展包饺子活动。社工购买食材，组织老人分工合作，为每组老人布置任务，并与老人共同包饺子。活动过程中，小组活动氛围和谐，老人们相互交流。最后社工为老人煮饺子，老人集体用餐，使老人感受活动带来的温暖。

4.3 项目评估与反思

4.3.1 项目评估

（1）过程评估

项目实施过程中，社工根据服务对象需求及问题开展不同的主题活动及服务，老人在参与中讨论、发表自己的观点和意见。社工引导、鼓励失独老人走出自己的生活圈，与社会接触，与社工、志愿者、邻居等人交流，扩大交际圈，使失独家庭老人拥有更多的社会支持网络。

在活动中，工作者始终相信失独老人具有发现问题、分析问题原因和提出问题解决对策的能力，当老人对活动内容模糊不清、参与活动积极性较低时，社工运用积极倾听、同感、鼓励与支持等工作技巧进行引导，组织老人参与活动，做到活动不缺席。随着活动的有序开展，失独老人可以积极参与到每次的活动中，并且主动与社工同伴分享自己的参与感受，提出对活动的想法。通过老人在活动中的表现及与同辈群体的交往模式，可观察到失独老人的社会支持网络已经初步形成，与同辈群体建立了良好的关系，并在多次活动中增加了对彼此的熟悉感。

此外，失独老人与社工为活动开展共同努力，将各个活动作品与服务成果进行合影留念，同意社工每期活动后推送微信公众平台进行宣传，展示社工与老人的友好互动。社工和老人协力来呼吁社会对失独家庭的关注，让更多的人了解人失独家庭，使失独老人得到更多来自社会上的帮助和力量。

与此同时，在活动中增进了项目组成员之间的沟通与协作，加深了工作者对社会工作专业的理解与认识，形成了对专业的认同感。在专业理论知识的应用下，懂得了如何更好地与实务相结合，通过实践发挥社会工作在服务中的价值，实际有效地帮助服务对象解决问题，提供服务。工作者能够在每期活动后及时反思和总结，提高自身的实务能力，能够为服务对象提供更为优质的服务。

（2）结果评估

天津市失独家庭帮扶项目以服务对象需求为导向，着眼于服务对象切实关注的生活、精神慰藉、心理调整、社交等问题，通过为老人搭建平台，链接社会资源为服务对象开展多维度的暖心服务。项目初期制定的目标已经实现，在完成具体目标的同时，对项目内容进行了宣传。在结项过程中了解到该项目的开展得到了服务对象即失独家庭、政府相关部门的认可和支持。经过对失独家庭服务经验的积累和总结，项目形成了"1+1+n"的服务模式，即政府主导、依托专业社工开展服务、各界志愿者多元化参与协作的模式。形成了以失独家庭需求为导向，社工第一时间上门了解问题、共同分析问题、寻找问题解决方案，链接各领域专业爱心志愿者协助，计生协提供资金、物质、政策、保险保障的联动服务机制。项目由专业社工为服务对象建立个人服务档案，建立服务需求信息库，并统筹服务资源开展专业服务。安排专业人员为对象提供常规家政服务，整合社会资源，招募大学生志愿者和社区志愿者为服务对象提供精神慰藉、就医陪伴的多样化服务。

服务对象自身方面，失独老人生活方式及心态已积极改变。项目实施初期，30%失独家庭拒绝社工上门探访、活动邀请、电话访问等关怀服务，表示不愿意陌生人到家里或是看到有相同遭遇的人。经过社工积极介入，服务对象感受到了社工服务的真诚和去行政化，逐渐打开自己心结，敞开心扉接受社工服务。目前，73户家庭全部接受过社工专业服务，上门探访、活动参与、电话访问等服务接受率达到100%。通过每次活动进行的满意度调查问卷可知，满意度达到100%。

个案活动方面，经过对失独家庭老人的服务，社工已为73户失独家庭对象建立了老人档案以及包括入户探访、家政服务、电话访问、志愿者服务、主题活动服务等在内的各项跟踪服务记录。截至2020年12月，社工共计开展入户探访319人次。为老人群体开展上门家政服务共计146次。通过建立暖心热线及各种线上方式定期给服务对象打电话，了解当前需求并及时解决等共计1000余次，同时接受服务对象来电，提供紧急求助、政策咨询、爱心保险办理等问题解答。

社工根据服务对象提供的医院证明，通过与服务对象所属社区、镇计生办、保险公司沟通协调为其办理爱心保险提供养老保障，共计服务7人次。针对失独且丧偶或离婚的独居服务对象，在其生病时由社工陪同到医院看病就医，并协助办理住院出院、医疗报销等相关手续，共计服务24人次。社会服务中心与津南区某镇卫生院合作，为服务对象开展大型免费体检活动1次。并为73户家庭全部建立了个人健康档案，记录每位服务对象的健康情况，由社工将健康档案送上门。同时，开展了健康关怀讲座1次，从老年人心理健康、合理膳食、适量运动、戒烟限酒、心理平衡四方面讲解需要注意的问题，共计60人次参与，提高了失独家庭老人的健康和自我保健意识。社工协助了老人办理家庭医生签约，协助老人完成每年一次的健康体检等医疗辅助服务。

小组活动方面，通过开展多种形式的文化娱乐活动引导失独老人树立积极健康的生活方式，让老人能够释放自我，缓解生活中的不良情绪。通过组建失独家庭间的互助小组，组织符合老人兴趣爱好的兴趣小组，让老人重拾以往的兴趣爱好同时挖掘新的兴趣点，丰富老人的业余文化生活。通过组织踏青出游活动，让老人跳出每日面对的生活圈子，加强与同辈群体的交流，获得情感上的支持与鼓励，同时让老人在大自然中释放生活的压力，重新找回生活的自信。组织开展各项康娱活动，观察发觉适度群体中有领导能力、组织能力、生活态度积极向上的领袖骨干力量，达到自我组织、自我服务的服务效果，实现助人自助。开展节日慰问、花艺治疗、义诊、疫情期间采摘、踏青等集体活动，共计服务337人次。

宣传倡导方面，做到了两项工作：一是编制计划生育特殊困难家庭关爱手册进行政府相关帮扶政策宣传；二是通过组织服务对象群体与社会其他部门、企业或个人共同开展集体活动以及以拉横幅的方式呼吁倡导社会各界关爱该弱势群体。

帮扶成果方面，周边群众对服务对象的态度发生改变，服务对象自身也开始积极主动地融入社会，重新建立自身的社会支持网络。专业社工介入将服务对象与其周围人组织到一起开展团体活动，增进彼此之间的了解和同理心，促进了服务群体与外界的相互接纳和社会融入。

4.3.2 项目反思

（1）对服务对象的反思

项目的服务对象为73户失独家庭，共计117名老人。通过失独家庭帮扶项目中的各项服务，老人参与到活动中，从认识社工、认识团体到接受参加关于心理、生理、社交方面的主题活动，并形成老人之间互动的社会支持网络。

服务对象的社会参与意识，解决自身生活问题以及调整身体状况的"自助"能力均得到了提升。老人可以主动发现，与同伴和社工分享生活以及活动中存在的问题、解决问题，同伴也根据自身建议发表想法，提供小组组内支持。通过主题活动的开展，激发了老人动手能力、发现自身优势的潜能，拓展服务对象兴趣爱好。鼓励老人参与各项活动，提高老人的积极性，使其拥有乐观的生活理念和方式。

失独老人参与失独家庭帮扶项目不仅促进自身的发展，也能够推动其同辈群体、社会了解、认识和关注失独家庭。通过同辈群体传播，促进其对失独老人的关注及关心，利于加强老人之间的沟通与交流，使失独老人找到伴友，增加生活乐趣。通过宣传，社会大众了解失独家庭，推动对失独家庭的服务工作，进而使失独老人融入社会，拥有更多的社会支持，与社会共同发展。

（2）对工作者的反思

对社会工作专业价值观层面的反思：工作者在活动中能够尊重失独老人的选择和价值，接纳服务对象。在活动的开展过程中注重老人自决，关注其权利和自身的发展。并引导老人对问题进行思考，激发老人表达自己观点的热情。社工对服务对象的基本信息进行保密工作，得到失独家庭的信任和支持。根据各个家庭情况的不同，以个别化为原则进行个案服务，具体考虑到每户老人的实际情况，活动中给予每位服务对象的关注，做到不忽视，较为全面的工作。

对社会工作专业理论层面的反思：工作者在优势视角理论下，强调人是具有潜在优势的，挖掘案主自身的潜能，发挥失独老人解决问题的能力。工作者能够从此理论下观察并运用到各项活动中，促进服务对象提高自身能力水平。在社会支持理论下，促进服务对象与其同辈群体及社会的和谐关系，通过提高其社会参与意识，老人能发现、拥有自身可以利用的社会资源。

对社会工作专业方法和技巧的反思：工作者运用了个案工作方法和小组工作方法，通过鼓励、支持、主动倾听等支持性和引领性技巧，帮助服务对象理解活动内容及意义，运用同感激发失独老人主动表达自己的想法，提升对团体的认同感。但受工作者自身年龄及能力影响，在项目实施的过程中运用的技巧不太熟练，在老人互诉自身家庭时，对较为失控场面的控制能力较低，需要提高自身能力。

第5章 结 论

本文研究以天津市失独家庭为服务对象，以服务对象的问题及需求为导向开展项目。工作者在镇政府提供的基本资源上，再链接活动场地、物资等资源。了解失独家庭情况，进行需求评估，根据需求制定项目目标并设计相关服务计划，在设计服务计划的过程中重视活动的可行性、形式的多样性以及相应的注意事项，并提前准备对策方案。项目实施围绕失独家庭的需求，工作者在心理、生理、社会等各方面进行介入，协助服务对象解决问题，并注重其"自助"能力的提升。在活动后通过评估和反思，预估项目实施的成效，进行反思和总结。

本研究中存在不足之处，本文在需求评估的过程中大多采用的是定性研究方法，通过运用观察法、访谈法，对失独家庭的问题及需求等情况进行研究。定性研究法在搜集资料以及获取信息的过程中具有优势，但其中包含着许多的主观因素成分，导致研究中缺少一些定量上的数据支撑。因此在今后的研究中需要改进和完善，增加研究的客观性。希望本文的撰写在为帮助失独家庭解决问题、满足需求的同时，能够呼吁社会对失独家庭的关注，增加对此弱势群体的了解和关心，使失独老人拥有更多的支持和力量，得到更为全面的服务。

参考文献

[1]　沈长月.失独家庭救助与社会支持网络体系研究[M].上海:华东理工大学出版社,2016.

[2]　韩生学.中国失独家庭调查[M].北京:群众出版社,2017.

[3]　臧佳钰.社会工作介入城市失独老人社会支持体系构建的研究:以哈尔滨市中兴社区为例[D].大庆:东北石油大学,2019.

[4]　廖燕婷.失独老人身心灵提升的小组工作介入研究:以湖南省长沙市Y街道为例[D].长沙:湖南师范大学,2019.

[5]　胡立纲.失独家庭现状及社会工作介入研究[J].就业与保障,2020(9):162-163.

[6]　王佳.社会工作介入"失独家庭"的路径研究[J].延安大学学报,2019(1):85-89.

[7]　孙静.王浩.浅析我国失独老人生活现状及相关政策[J].劳动保障世界,2019(2):29-30.

[8]　陈盼盼.农村失独家庭的社会工作介入研究[J].商,2016(17):43.

[9]　苏菁涵.陈飞.魏海斌.关于我国失独老人相关问题的研究现状:基于2010—2019年CNKI共词聚类分析[J].大众科技,2020(9):158-161.

[10]　彭扬帆.社会支持视域下失独老人的心理健康援助[J].中国老年学杂志,2018(22):5594-5599.

[11]　WU F Z, LI XQ.A Literature review on the studies of the loss of only child family in our country[J].International conference on modern education and social science,2016(2):1155-1160.